りんごの木からはじめる

農耕型資産形成

スマートプランニング株式会社
スマートハーベスト株式会社
代表取締役
伊東 豊

はじめに

本書をお手に取っていただき、誠にありがとうございます。2022年現在、老後のお金に不安を感じる人を前に、「私にできることは何か」と思い、出版を決意しました。私は「すべての日本国民が、お金に苦労することなく、幸せなセカンドライフを迎えてほしい」と願っています。

幸せなセカンドライフを迎えるためには、必ず「お金」が必要になります。

では、お金はどのように作るのでしょうか。答えは簡単です。

「あなたが資本家になればいい」のです。

世界の資本家は、たくさんのお金を持っています。しかし、ただ「お金」を持っているだけではありません。お金以外にも多くの株や不動産などのお金を生み出す仕組み＝「資本」をたくさん持っています。

とはいえ、あなたがビルゲイツやイーロンマスクのような、世界屈指の資産家になる必要はありません。あなたには「あなたのセカンドライフを満たせるだけの資産を持った資本家」になって欲しいのです。

私は、セカンドライフを満たせる資本家になるための手段として「農耕型資産形成」という仕組みを提唱しています。1人でも多くの人に、この仕組みを知ってもらい、活用していただき「幸せなセカンドライフを迎えてほしい」と切に願っています。

今からコツコツと資産形成をして、自分を幸せにできる「資本家」になる。そして、その先であなたの周りにいる大切な人も幸せにする。労働所得や貯金だけでは手に入れられない幸せな未来を、あなたの大切な人とともに迎えてほしいのです。

また、本書出版のきっかけの1つに、私自身が「もっと早くから農耕型資産形成をはじめたかった」という後悔の念もあります。しかし、どれだけ後悔しても、時を戻すことはできません。私と同じ後悔をする人を減らしたい！　と思っています。

資産形成は、1日でも早くはじめるに越したことはありません。本書を読んだあなたが「幸せなセカンドライフ」へ向け、一歩踏み出すきっかけになることを願っています。

2022年9月吉日

伊東豊

目次

第4章 大切にしたいものを大切にできる投資

第5章 9秒で解決！ Q&A集！

第6章 共通点をさがそう！一歩踏み出した方々の物語

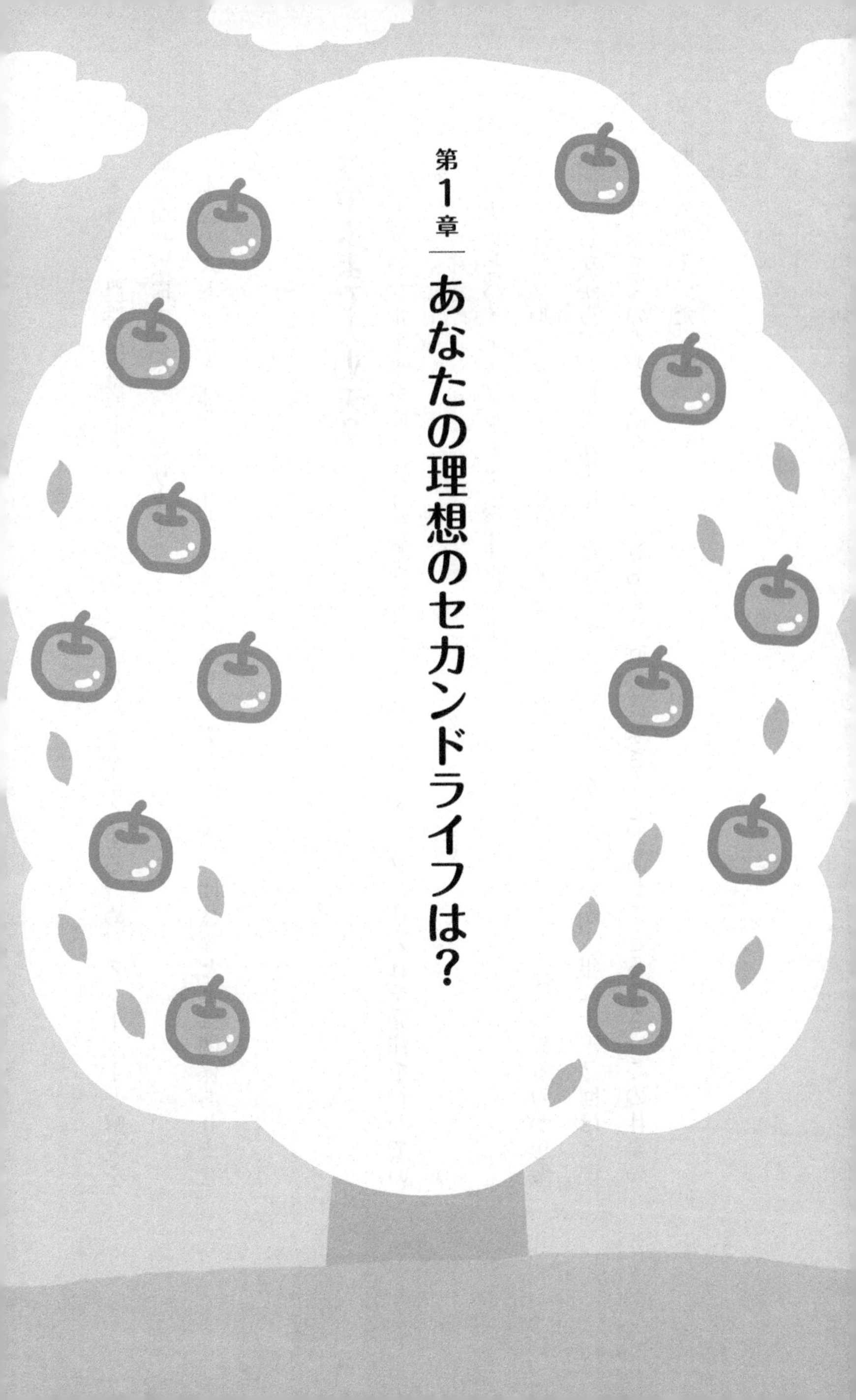

第1章 あなたの理想のセカンドライフは?

本書は、農耕型資産形成をイメージしていただきやすくするため、ストーリーと解説を織り交ぜた構成となっております。

本書のストーリー部分はフィクションであり、実在の人物・団体などとは関係ありません。

今のままで大丈夫？

国内外のフルーツを取り扱う仕事をしている私は、フルーツの仕入れや発注を行っている。

「バナナとパイナップルも……発注完了！」

仕入れたフルーツを喜んでくれる人を想像したり、どんなデザートに使われるのか想像したりしながら、今日も仕事をこなす。デスクワークがメインだが、年に1～2回ほど国内の農家さんのもとへ出向くこともある。直接農家さんとお話しできるのも、この仕事の楽しみの1つだ。

現状、仕事に不満はないが、働く時間を減らしたい気持ちはある。しかし、日々の生活もあるし、子育てにはお金もかかる。さらに、老後のことも考えると……パート勤務や専業主婦になるわけにはいかない。

彼女の名前は咲紀《さき》。世界中のフルーツを取り扱う輸入会社の社員だ。上場企業に勤める夫と、小学生の子ども2人とともに暮らしている。日々の仕事はそつなくこなし、自分なりの仕事の楽しみも見つけ、充実した毎日を送っているが、いろいろと考えることもあるようだ。

あっという間に30代になり、将来の「お金」について考える機会が増えた。

子どもたちの成長を見て幸せを感じる反面、少しずつ近づいてくる「進学」や「結婚」など、子どもの節目に必要となる「お金」のことがチラつく。

子ども1人が成人するまでに必要と言われるお金は「3000万円ほど」と聞いたことがある。我が家は2人の子どもがいるから、6000万円必要になると思うと……毎月貯金してはいるものの、金額が大きすぎて気が遠くなる、としか言いようがなかった。

そんなある日、友人の多津子《たつこ》と老後の話になった。

多津子は、咲紀と同年代の友人で、夫とともに農家を営んでいる。それぞれの働き方は違うが、お互いの仕事の話から夫婦間の悩みまで、さまざまな話ができる親しい間柄だ。今日は、いつもの何気ない世間話から、自分たちの老後の話に至ったようだ。

多津子「咲紀は老後のことどう考えてる？」

咲紀「夫と2人だけの生活ってあんまり考えてないかも。多津子はどんな老後を過ごしたいな～って考えてるの？」

多津子「私は、老後の過ごし方より、老後のためのお金のことばっかり考えてる」

咲紀「それはあるかも。でもとりあえずは年金あるし、と思ってる」
多津子「まあ年金はありがたいけど、うちは2人合わせても13万円くらいだし、不安にはなるな～。こんな風に過ごしたい！　と思っても、実際自由に使えるお金はそんなになさそう」
咲紀「え？　年金って20万円くらいもらえると思ってたんだけど……」
多津子「もらえる人もいるけど、うちは違うよ～。うちは国民年金だから13万円くらい。将来年金だけじゃ厳しいよな～って。どれだけ貯金しても足りなくなりそう。咲紀の家なら旦那さんと合わせたら20万円にはなるんじゃないかな？」
咲紀「私、自分がいくら年金もらえるか知らないし、考えたことなかった」
多津子「私たちが年金を受け取れる頃には、金額が下がってるかもしれないし、もらえるか分からないとか、もらえる年齢は高くなる～なんて話も聞くよ」
咲紀「年金が下がったり、もらえなくなったりしたら老後の生活不安しかないじゃん」

明るい老後の話かと思っていたが、予想外のお金の話に私は驚いた。

子どもが成人するまでに必要なお金はもちろん、老後の生活も考えないといけないのは、なんとなく感じていた。将来年金だけの生活だったら……どれほど生活を切り詰めても、生活できる気がしない。

多津子との会話で、これまでの私は、漠然とお金のことを考えているだけで、「お金について何も知らない」自分に気づかされた。

多津子「咲紀って投資とかしてる？」

咲紀「全然してない。興味はあるけど、よくわからなくって……なんか危ないイメージだし」

多津子「実は私、ＦＸやってるんだけど、想像してたよりいいよ！」

咲紀「え、できるものなの？　難しそう」

多津子「そりゃちょっとは勉強したけど、私でもできたよ！」

咲紀「そうなんだ！　私もやってみようかな……」

私は、その場で多津子からＦＸについて少し教えてもらった。

それからしばらく、自分でもスマホで検索し、動画を見たり、サイトを読み込んだりして勉強した。

そして、個人的に貯めていた私の貯金から、10万円ほど用意して、人生初のＦＸに挑戦した。初のＦＸは緊張したが、想像していたより大きな利益を得ることができた。

このままＦＸを続けたら、旅行に行けるようになるし、老後のお金も貯められるかも！

そう思ったら、これからの未来が明るくなる気がした。

多津子「ＦＸやってみた？」
咲紀「やってみた！　ちゃんと利益出たよ！」
多津子「お！　いいね！　お互いうまくやってこう！」
咲紀「教えてくれてありがとう」

1度やってみよう、とチャレンジしたFXだったが、利益が出るのを見るたび、未来への期待はどんどん高まっていった。

しかし、独学でのFXにはやはり限界があるようで、今まで当てていた予想が一気に外れて、今までの利益を飛ばしてしまった。

数日後、たまたま訪れた銀行で「外貨建て債券」の営業を受けた。

営業マン「『外貨建て債券』という商品があるのですが、いかがでしょうか？」

咲紀「外貨建て債券？　あんまり聞いたことないし、よく分からないです」

営業マン「簡単にいうと、日本円以外で企業や国にお金を貸すことですね。お金を貸した証明として、『債券』が発行されます。この『債券』は、借用証書のようなもので、貸した金額に金利が上乗せされる仕組みです。支払いや受け取りが日本円以外になること以外に、特別難しいことはありませんよ」

咲紀「国とか企業にお金を貸して、貸したお金以上の金額を返してもらえるってことですか？」

営業マン「簡単にいえばそうですね。こちらの商品は、他にないくらい金利が高くなっているので、今とても注目されている商品です！」

銀行の営業マンは、とても熱心に説明してくれた。

しかし、正直なところ説明を聞いたからといって、すべて理解できたとは言い切れなかった。それでも、独学でＦＸをやって失敗した私は、「銀行の人がオススメするものなら安心だろう」と思った。銀行マンという「圧倒的な信頼」と、未来に備えたい気持ちに後押しされ、外貨建て債券に投資してみることにした。

「未来のために」と思い切って投資した外貨建て債券だったが、投資した国の情勢悪化により価格が下がり、予想外の損失を出してしまった。

咲紀「やばい。外貨建て債券も失敗する！　銀行の営業マンがすすめたものだったのに失敗するなんて」

そう思った私は、銀行の営業マンを訪ね、これ以上損失が大きくならないように、債券を売却して、手放した。

未来のために……という希望はあっけなくかき消された。

それでも「なんとかしたい！」と悩む私の心には、いつの間にか「未来への焦り」が常駐するようになっていた。

仕事を終え、一通りの家事も済ませたある夜。夫と晩酌をしながらバラエティ系の解説番組を見ていると「老後約2000万円のお金が必要になります」という話題が出てきた。

「老後」「2000万円」というワードに興味が湧いたわたしたち夫婦は、2人揃ってテレビを見続けた。

番組の中では、出演者たちがさまざまな意見を交わしていた。

「保険料を納めているのに、さらに2000万円が必要、というのは酷なのでは?」

「なんのために高い保険料を払っているのか?」

「突然大金が必要です、と言われても、準備できる人の方が少ないのではないか」

「そもそも、今の生活をしながら満足できる貯蓄ができる人が少ない世の中で、老後のためのお金を作ることは難しい」

テレビを見ている私たち夫婦も、もれなく出演者たちと同じようなことを口にしていた。

そして、番組を見終えた私は、多津子との会話で感じた「お金について何も知らない自分」を、よりいっそう感じていた。

老後にそんな大金が必要になるなんて……
老後の前に、子どもたちの進学のお金も必要なのに……
未来へ向かう私の前に立ちはだかる壁は、想像以上だった。

夫「2000万円か～。まあ退職して、年金で暮らすって考えると、やっぱそれなりに貯蓄が必要だよなぁ……その前に子どもたちの進学にもお金がかかるし。俺らの老後はどうなるんだろうな。そこそこ貯まりそう？」

不意に投げかけられた夫の言葉に、ギクッとした。

咲紀「2000万円か……」

私の言葉とため息は、ゲームをしながら騒ぐ子どもたちの声でかき消された。

ＦＸはダメだったし、外貨建ての商品もうまくいかなかった。でも、毎月の貯金で2000万円貯めるのは難しいし、やっぱりなんとかする方法を探さないと！ と私は奮起した。

ＦＸを失敗した事実を気にしていても、お金が湧いてくるわけではないことは分かっている。私は将来のための「お金」を「どうやって備えるか」考えていた。

私がお金の増やし方を模索している一方で、多津子はＦＸを続けているようだった。

多津子「ＦＸどう？」

咲紀「私、あれからうまくいかなくてやめちゃった～」

多津子「そうなの？」

咲紀「最初は良かったんだけどね～」

なんて会話をしているところに、近所の投資家が現れた。

投資家「ＦＸをやってるのか？」

多津子「そうなんです。思ったよりうまくいってて」

咲紀「私はそうでもないんですけど……（苦笑）」

投資家「そうか、そうか〜。まあＦＸもいいがリスクが大きくて難しいから、株の方がいいぞ。今はＩＴ業が盛んだし、ＩＴ系の株を買うのがオススメだな」

投資家は、それだけ言うと、どこかへ行ってしまった。

投資で成功している人が「ＦＸより株の方がいい」って……株も似たようなものじゃないの？　投資って何が正解なんだろう？

そんなことを思いながらも、投資がうまくいっている多津子や投資家を羨ましく思う私がいた。

将来のお金を準備したいと思った咲紀は、多津子の誘いでFXをはじめ、一瞬明るい未来が見えたような気がしていました。

しかし、うまくいかない現実と、FXに続き失敗した外貨建て商品。さらに、テレビ番組であがった「老後2000万円必要」という話題を耳にして、よりいっそう未来のお金を備えておく必要性を感じているようです。

ここからは、咲紀夫婦の興味を引いた2000万円問題と、実際老後にいくらお金が必要になるのかをお話ししていきます。

【解説】

日本の未来って？

まず、現在から未来の日本の状況についてお話しておきましょう。

近年よく耳にするようになった「少子高齢化問題」。今後はどんどん「超高齢化社会」となっていきます。これは、老後のお金の不安を加速させる要因の1つとなっています。

以前は、少ない高齢者を大勢の若者たちが支える、三角形の人口グラフを描いていました。

しかし、現代では寿命が伸び高齢者が増える一方で、出生率が下がっています。すると、高齢者の支えとなる若者の層が狭まり、人口グラフが逆三角形となってしまうのです。

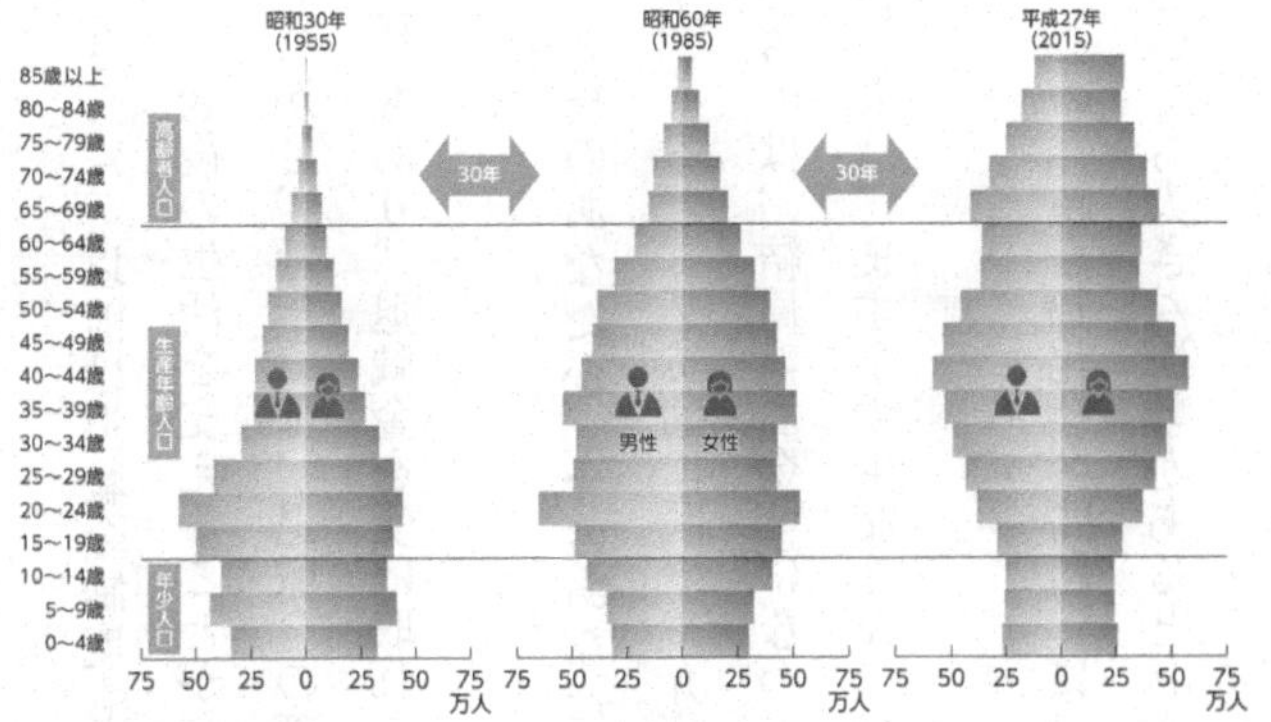

資料　都総務局統計部「平成27年国勢調査　人口等基本集計結果概要」(平成28年11月)

その結果、年金の原資となる保険料を納める人が減り、少ない人数で多くの高齢者を支える状況になってしまいます。

また、老後に受け取れる年金についても、不安要素はあります。

咲紀や多津子が心配していた「年金がもらえなくなる」ことはありませんが、受け取れる年齢の引き上げがあったのは事実です。

昔は60歳で年金を受け取れていました。しかし、現在では65歳へ引き上げられ、再び受け取れる年齢の引き上げも噂されています。将来への不安を抱く原因であり、現代社会の問題とされている大前提と言えるでしょう。

さらに、以前は退職金制度も充実しており、一つの会社に長く勤める人が多かったので、老後の生活を支えることができるほどの退職金を受け取れる人も多くいました。

しかし、近年では、退職金の額が下がったり、中には退職金の制度がなくなったりする会社もあり、退職金を受け取れる人が少なくなっているのです。

老後のあなたが、今のあなたと同じ健康状態でいるのはなかなか難しいものがあります。すると、必然的に医療や介護などの手を借りる必要が出てきます。その生活の助けになるのは、結局「お金」になってくるのです。そして、将来必要となるお金を準備できている人は、ますます少なくなっています。

この「超高齢化社会問題」については、老後のお金に限らず、介護や医療などの支援においても大きな影響があるといえます。

噂の2000万円問題

咲紀が興味を持った「2000万円問題」。テレビ番組の特番などで取り上げられ、誰しもが1度は耳にしたことがあるのではないでしょうか。

マスコミの報道を見て、将来への不安を感じた人も多いかと思います。しかし、本当の目的は国民の不安を煽るためのものではありません。

先にお話しした、日本の状況を踏まえ、あくまでも平均的な夫婦2人のご家庭が生活をしていくため（65〜95歳くらいまで）にかかる金額と、公的年金でもらえる金額の差額を算出したものが、約2000万円というものです。

これを見た多くの人は

「年金保険料払っておけば、大丈夫！　と思っていたのに、どういうこと?!」

「責任逃れしてるんじゃないの?!」

と、思ったのではないでしょうか。

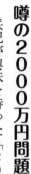

しかし、本当は「国民が老後に困らないために、どのような準備が必要か」を事前に伝え、「幸せな未来を過ごしてもらうため」のお知らせや案内であったといえます。

とはいえ、この数字は、あくまでも「平均的な人の老後に、どのくらいのお金が必要なのかという目安」を算出したものです。

そして、この「2000万円問題」という言葉は、金融庁が、老後のお金について調査し、公表した「高齢社会における資産形成・管理」という報告書の中から作られた言葉なのです。

この報告書は、いつでもインターネットから見ることができるものですが、報告書の存在すら知らない人もいるのではないでしょうか？　仮に知っていても、ほとんどの人が報告書に目を通すことはないと思います。その結果、マスコミに不安を煽られ、ある種の炎上となってしまったのです。

私は、この報告書を読みましたが、報告書の中に「2000万円」のワードは2回しか出てきませんでした。その一方で「長期・積立・分散投資」は20回以上も登場していま す。大々的に2000万円問題と呼ばれていますが、このワードが使われた頻度を考えると、本当に伝えたかったことは、「2000万円」ではないとお分かりいただけるのではないでしょうか。

この報告書は、国民の不安を煽るようなものではなく、未来のために「何をしたら良いか」が、的確にまとめられているものでした。

少しでも多くの日本国民が幸せなセカンドライフ（定年退職後の第2の人生）を迎えるために、国は「iDeCo」や「つみたてNISA」を推奨し、老後のための資産形成を後押ししています。「2000万円問題」の本当の姿は、あなたが幸せな未来を過ごすために、ライフプランを考えることと、ライフプランに見合ったマネープランをしっかりと考え、備えてくださいね、というメッセージだったのです。

年金いくら貰えるか知ってる？

あなたは「自分が受け取れる年金」について、考えたことはありますか？

受け取れる年金額は、多津子が話していたように、すべての人が共通しているものではありません。

年金にも国民年金（基礎年金）と厚生年金の２種類があるため、どちらの年金に加入しているかによって、年金額に違いがあります。さらに、年金を受け取るまでの働き方や、年収、保険料を納めた期間、などにより個人差があります。

・公的年金の仕組み

日本の公的年金は、２種類あります。（１）

１つ目は、日本に住んでいる20歳以上60歳未満の人が加入する「国民年金（基礎年金）」です。国民年金は、先述の条件に当てはまる人全員が加入します。

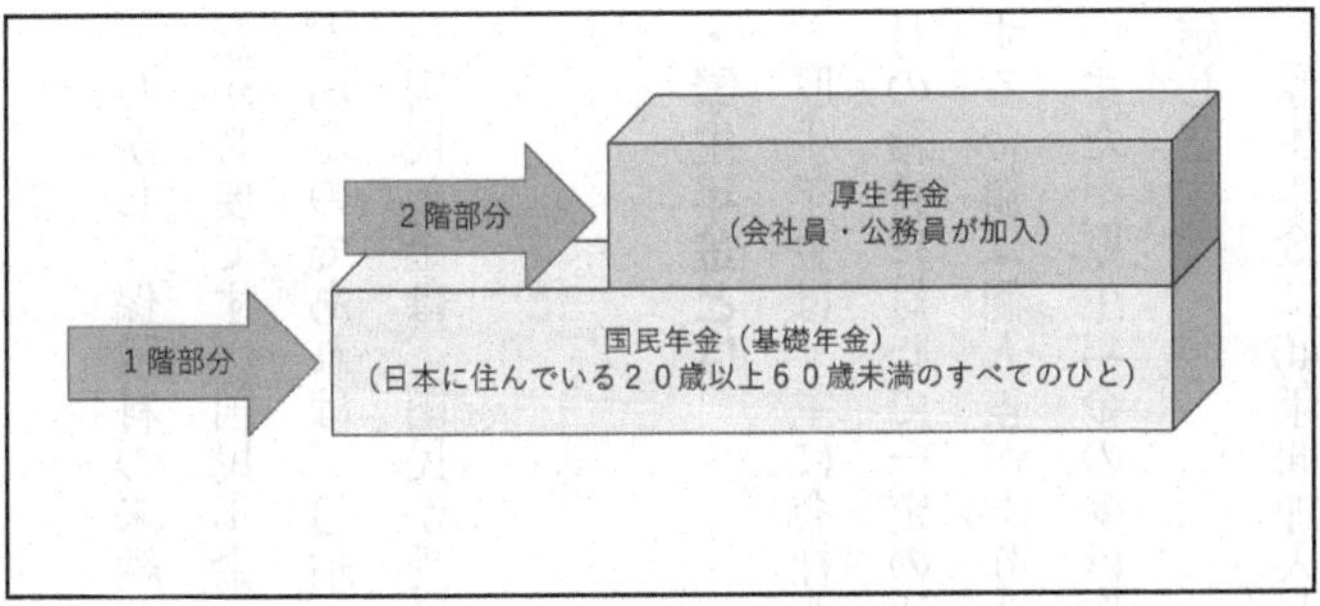

２つ目は、主に会社勤めをしている人が加入する「厚生年金」です。

この2種類の年金は、２階建ての仕組みになっています。

（図参照）

・国民年金とは

国民年金（基礎年金）は、先にもお伝えしたように、20歳～60歳までのすべての人が加入する年金です。国民年金の毎月の納付額に変動はなく、加入者全員が同じ納付額となっています。

そして、国民年金の受け取りは65歳からはじまります。毎月受け取れる年金額は「納付した期間」により決定します。20歳～60歳までの40年間すべての期間で、保険料を納めていれば、月額約６・５万円の「満額」を受け取ることができます。

しかし、保険料の未納期間がある場合、その分受け取れる年金額が少なくなるので、注意が必要です。国民年金は、追納（未納分を後から納付すること）も可能です。もし未納があるのであれば、追納しておくと、受け取れる年金額が下がらないようにできます。

国民年金は、国民が受け取れる年金の基礎、基盤となるものです。

・厚生年金とは

厚生年金は、主に会社などに勤めている人が加入する年金です。毎月の納付額は、1ヶ月の給料に対して一定の比率により算出されます。そのため、国民年金とは異なり、納付する金額は個人差があります。

また、厚生年金の受け取り金額は、働いていたときの「給与」と「加入期間」により決定します。

厚生年金に40年間加入し、その期間の平均収入が月43・9万円（ボーナスを含む）の場合、月額約9・0万円の年金を受け取ることができます。

さらに、毎月納めている厚生年金保険料には「国民年金保険料」も含まれています。そのため、厚生年金に加入している人は「厚生年金」と「国民年金（基礎年金）」の両方を受け取ることができます。

そのため、国民年金を40年間すべて納付し、厚生年金に40年間加入（平均収入が月43・9万円）していた場合、約15・5万円（2021年度）が、月に受け取れる年金額になります。

これを踏まえ、会社員と専業主婦のご夫婦が、65歳以降に受け取れる年金額を例にあげると、次のようになります。

・ご主人の年金受給額＝約15・5万円（厚生年金約9・0万円＋国民年金約6・5万円）

・奥様の年金受給額＝約6・5万円（国民年金）

の合計約22万円が毎月の受け取れる年金額となります。

一方、自営業者のご夫婦の場合、2人とも国民年金となるため、

・ご主人の年金受給額＝国民年金約6・5万円

・奥様の年金受給額＝国民年金約6・5万円

を合計した約13万円となります。

さらに、ご夫婦揃っている場合は2人分の年金を受け取ることができますが、1人の場合は、大幅に減額されることもあります。

とはいえ、これはあくまでも一例であり、ご家庭ごとに受け取れる金額は異なります。

詳しく知りたい場合は、年金定期便でご確認いただくか、年金事務所またはファイナン

シャルプランナーに相談されるのがよいでしょう。

理想のセカンドライフの必須条件

「セカンドライフ」とは、65歳ごろからの人生を指しています。定年退職したり、子どもが巣立ったりした後にはじまる、あなたの第2の人生のことです。一般的に「老後」と言われていますが、私は「歳を重ねてからスタートする新たな生活」という前向きなものとして捉えていただきたく思っています。

あなたは、自分のセカンドライフに、どれほどの生活費が必要か考えたことがありますか?

生命保険文化センターが行った調査で、夫婦2人揃っている家庭が「ゆとりのある生活をするために必要とする金額」として算出されたものは、月額「36・1万円」となってい

ます。（2）

また、これは私の見解ですが、1人で「ゆとりある生活を送る」場合に必要となる金額は、2人で生活する場合の70％程度「月額約26万円」が必要と考えています。

「1人なら半分じゃないの？」と思う人もいるかもしれません。

しかし、1人だからといって、単純にすべてが「半分」になるわけではありません。なぜなら、食費は半分になるかもしれませんが、家賃や光熱費など、2人で賄っていたものを、1人で支払わなくてはならない現実があるからです。

とはいえ、年金と同じように、「セカンドライフに必要なお金」にも、個人差があります。なぜなら、1人ひとりが描く、理想のセカンドライフが違うからです。

ゆとりのある生活を理想とする人と、ゆとりはなくても生活できればいいと考える人では、必要な金額は違ってきます。

たとえば、毎月国内旅行へいきたい人と、国内旅行は年に1度でいい人では、必要な金額が違います。また、旅行は年に1度でいいけど海外へ行きたいのであれば、必要な金額は変わってきますよね。また、同じ旅行であっても、1人で行くのか、2人で行くのかによっても金額は大きく変わります。

さらに、自分の理想だけではなく、子どもの人数や孫の人数など、家族構成も関係していきます。

そのため、一言で「セカンドライフに必要なお金」といっても、描く未来により変動するため、一概に「セカンドライフには○○円必要です！」とは言えないのです。

そこで、改めて質問です。

あなたはどのようなセカンドライフを送りたいと思いますか？

そのためにどのくらいのお金が必要になりそうですか？

旅行へ行きたいのであれば

・おおよその費用
・頻度

などを考えてみてください。

他にも、

・外食が好きだからやめたくない
・子どもや孫のお祝いはしっかりしてあげたい
・習い事をしたい

など、あなたが理想とするセカンドライフを思い描いてみてください。

また、セカンドライフは必ずしも2人で過ごせるとは限りません。考えたくないかもしれませんが、1人で過ごさなくてはならない期間が生まれます。残された人は、お金の不安だけでなく、寂しさを感じるでしょう。お金がない状況では、経済面だけでなく精神的にも不安になったり、孤独を感じたり……そんな未来は想像したくもありませんよね。

これは、平均寿命が関係しています。女性は男性に比べ平均寿命が長く、1人になる確率が高くなります。同じ年齢のご夫婦はもちろん、男性が年上であるご夫婦の場合、女性が1人になってしまう可能性は高くなりますし、1人の期間が長くなってしまう傾向にあります。

1人でセカンドライフを過ごすことになったとき、心の寂しさや孤独を埋めてくれるのも、結局お金が関係してくるのです。

セカンドライフは、他人事ではありません。
あなたが今から未来へ生きていけば、必ず訪れるものです。

だからこそ、未来の自分の生活のために「どれだけお金が必要になるのか」を知っておく必要があるのです。

また、受け取れる年金と、理想の未来に必要なお金に差額が生まれるのは、当然といえます。その差額に不安を感じるのも、当たり前だと思います。

ここまでにいろいろな例を挙げながらお話しましたが、あなたの思う「理想のセカンドライフ」とはどのような未来でしょうか？

あなたが理想のセカンドライフを迎えるために、

・受け取れる年金
・必要となるお金

について、1度考えてみてくださいね。

第2章　効率とリスク軽減どっちも叶える！農耕型資産形成

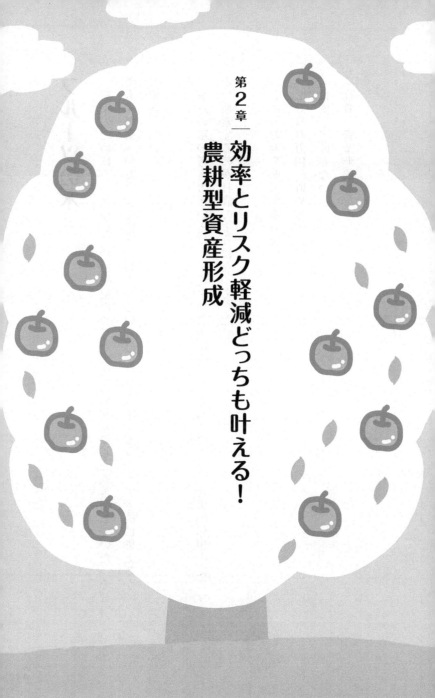

フルーツの木

将来のために！　と投資に励む咲紀だったが、失敗を繰り返し悪戦苦闘していた。それでも「将来へのお金」を備えたい！　という思いは消えず、どうやって老後に備えるか、を模索していた。

最近の私の考え事といえば、「将来のお金に備える方法」だった。仕事の休憩中にスマホで検索するのが日課のようになってきた。

「老後のお金を準備する方法」
「２０００万円　貯める方法」
「投資　失敗しない」
「投資　資産形成」

など、なんとなく興味のあるワードや関連しそうなワードを検索する。

お金のコラムや、投資をしている人のブログ記事を読んだり、ＳＮＳのアカウントを見たりしていた。


そんなある日。私は「資産形成セミナー」を発見した。

独学で投資をはじめるのはちょっとストップして、お金の専門家の話を聞いてみよう!

と思った私は、その場ですぐに、セミナーの予約をした。


セミナー当日。私は、カバンにワクワクと筆記用具を詰め込んで、セミナー会場へ向かった。

そこには、同年代くらいの女性もいた。

「みんなやっぱり将来のお金のこと、気になるんだ」

そう思うと、少しほっとした。

豊先生「こんにちは。本日セミナー講師としてお話させていただきます。伊東豊と申します。本日はお越しいただき、ありがとうございます」

優しそうな男性の挨拶で、資産形成セミナーがはじまった。

豊先生「これからの自分の将来に、どれほどのお金が必要になるか、考えたことがありますか？

少子高齢化社会や、２０００万円問題などのキーワードを耳にして、将来のお金について考える人が増えてきています。

今日お越しのみなさんの中にも、老後のお金に関する不安を解消するための、解決策を求めて来られた人もいるのではないでしょうか。

また、あなたはこれまでお金の勉強をしたことがありますか？　これまでの日本では、お金のことを学ぶ機会は、ほとんどありませんでした。しかし、２０２２年から、高校の授業で『資産運用』の学習がはじまりました。

２０２２年以降の子どもたちは、学校でお金について学習できますが、親となる大人はお金のことを何も知らない状態になっていきます。その結果、お金について勉強した人と、そうでない人では、知識に大きな差ができてしまうのです。そして、その知識の差によって、セカンドライフの幸福度は雲泥の差となることが予想されます。

すでに高校を卒業している私たち大人は、自らお金について学ばなければ、知識を得ることができないのです。今からでも遅くありません。幸せなセカンドライフを迎えるために、今からお金の勉強をしましょう」

豊先生は、スライドを使いながら、「２０００万円問題」や「老後に必要なお金」や「物価」「金利」についてわかりやすく、丁寧に説明してくれた。将来のお金の不安よりも「どう備えるかが重要だ」ということを理解した。

そして、豊先生は

・お金が貯まらない理由
・お金を準備できた明るい未来
・お金の貯め方
・やってはいけないこと

など、私が知りたいことをすべて教えてくれた。

豊先生「あなたは、毎月銀行や郵便局で老後のお金の準備をしていますか？すでに老後のお金の準備をはじめているのであれば、とても素晴らしいことです。確実に通帳の残高が増えていくのは嬉しいですよね。しかし、銀行や郵便局では効率よくお金を増やすことはできません。

そこで、私は、みなさんに資産運用をオススメしたいのですが、『資産運用』と聞くと、難しいと感じる人や、よく分からない人もいるかと思います。しかし、資産形成の基本を理解して、資産運用の方法を間違えなければ、しっかり未来のお金を備えることができます。

長期でお金を増やしたいのであれば『長期分散積立投資』が最も有効です。この方法は、国も推奨しており、iDeCoやつみたてNISAという制度を作って、優遇しているほどです。

私は、一般的に言われている『長期分散積立』に『取崩し運用』を組み合わせたものを『農耕型資産形成』と名づけ、みなさんにご紹介しています。
なぜなら、長期資産形成は、『農業のように育て続けながら、収穫していくもの』だと考えているからです。

これは、ギャンブルのようなものではありません。じっくり時間をかけて農作物を育てていくように、投資信託を長期間保有して資産を育てていくのです。

そのため、2～3年などの短期間で大きな利益を作り出すことはできませんが、未来のために備えるのであれば、数ヶ月～数年という短期的な目線ではなく、20年～30年の年月をかけて、お金を生み出す『仕組み』の活用が重要なポイントになります。

今の生活が大切なのは、みなさん同じだと思います。日常の生活はもちろん、衣類や美容、外食や旅行などにお金を使いたい気持ちもあるでしょう。その中から、可能な範囲でお金を捻出して、未来の自分や家族のために、今から『農耕型資産形成』で将来に備えられると、よりよいセカンドライフを過ごすことができるようになりますよ」

私は、豊先生のセミナーを聞いて、今までの私のやり方が短期目線だった事実に気づき、反省した。

そして、「農耕型資産形成をすれば、理想の未来が叶えられる！」と感じた私は、「未来の自分のために、家族のために、しっかり備えたい！」と強く思った。

セミナー終了後、私は豊先生に声をかけた。

咲紀「豊先生、今日のセミナーありがとうございました！　農耕型資産形成がすごく魅力的な資産運用だな、と感じました。農耕型資産形成のイメージをもう少し聞けると嬉しいのですが、聞かせていただけませんか？」

豊先生「そう感じていただけて何よりです。

そうですね、農耕型資産形成は、投資信託の仕組みを使います。

投資信託を、私なりにわかりやすくたとえるなら『いろいろな会社の株の詰め合わせ』です。１つの会社の株の値上がりを期待して買うのではなく、リスクに備えて、株価の上がりそうな会社の株をプロが選んでまとめて買う、という方法です。プロが選ぶ株の袋詰めになるので、自分で見極める必要がありません。

『フルーツの木』にたとえると、よりわかりやすくなります。たとえば、狭い畑でリンゴの木だけ育てるよりも、広い畑でリンゴ・オレンジ・バナナなど、いろいろな木を育てる方が、安定して収穫できるようになりますよね。その木々も自分で選別するのではなく、プロが気候や天候を考慮して、より多くの実をつけそうな木々を選んでくれるイメージです。

そして、その畑を世界中に広げ、オレンジやさくらんぼなど、さまざまなフルーツの木を育てていけば、収穫が増えるのはもちろん、リンゴが不作になっても、世界中の果実を収穫できるようになります。これを長く続けて、リスクに備えながら、将来収穫できるフルーツを増やしていくイメージです」

私は豊先生のたとえ話が、自分が普段しているフルーツの輸入業に似ていると感じた。日本で不作のフルーツがあっても、必要に応じて海外から仕入れることもある。普段仕入れている農場のバナナが不作なら、別の農場や別の国からバナナを輸入するのはよくある話だ。

咲紀「私、フルーツの輸入や仕入れなどの仕事をしているのですが、それと似ているなぁと感じました」
豊先生「まさに農耕型資産形成を体験されているようなお仕事ですね」
咲紀「わかりやすい例え話をありがとうございます。どんなものかイメージできました！私、農耕型資産形成をはじめたいです！」
豊先生「イメージしていただけてよかったです。農耕型資産形成は、早くはじめるのが1番ですから、幸せなセカンドライフを迎えるために、今から備えましょう！」
咲紀「よろしくお願いします」

こうして私は、豊先生と別日に改めてお会いする約束をした。
豊先生が太鼓判を押した「農耕型資産形成」をはじめる決意をした私は、未来への期待を感じながら、晴れ晴れした気分だった。

農耕型資産形成をはじめて1年ほど経った頃。大きな利益が出ないどころか、また暴落が起こった。

「農耕型資産形成は成功するんじゃなかったの？　豊先生は成功するって言ってたのに」

そんなとき、ふいに近所の投資家が言っていた「ＩＴ系の株がオススメ」という言葉を思い出した。

「株で挽回するしかない！」

私は、「株」が最後の手段だと思った。投資家も株で成功している。やるしかない。

とはいえ、私に株の知識はないし、近所の投資家はいくら近所といえど、突然株の相談ができるほど親しい間柄ではない。私は、スマホでＩＴ関連の株について調べることにした。しかし、無知な私がネットで記事を読みあさっても、よくわからないのが現実。

私は、自分の気が済むまで検索し続け、ネット記事を読み、何本もの動画を見た。そして、とあるIT企業に辿り着いた。そして、これまで続いた失敗の挽回を願いながら、思い切って株を購入した。

……………………………

資産形成セミナーで、自分の知らなかった現実や、お金のことを知るとともに、未来への希望を抱いた咲紀。これまでの失敗を反省し、幸せなセカンドライフを迎えるために「農耕型資産形成」をはじめました。

しかし、1年後またもや暴落に見舞われ、これまでの失敗を取り返したい！　と思った咲紀は、投資家の言葉を思い出し、「株」を購入したのでした。

ここからは、咲紀が希望を抱いた豊先生のセミナー内容と、「農耕型資産形成」についてお話していきます。

【解説】

お金と未来のこと

私が普段開催している資産形成セミナーでは、「どんな未来を迎えられたら幸せか」というお話をしています。

誰でも、「幸せな未来」を描きたいと思いますし、もちろん、描いた幸せな未来を過ごしたいと思うでしょう。しかし、「貯金」を継続していくだけでは、お金を貯めることはできても、増やすことは難しいのが現実です。

第1章では、「理想の未来」には個人差があるため、一概に具体的な金額をお伝えすることはできない、とお話ししました。しかし、「明るい未来」は、多くの人に共通するものでもあるのです。

たとえば

・お金に困らない未来
・お金のことで悩まされない未来

など、意識の部分は、共通項目ともいえます。

お金に困らない未来を築くことができれば、精神的なストレスも少なく、心にゆとりのある豊かな暮らしができるのではないでしょうか。

他にも、お金に困っていなければ、お友達とモーニングへ行ったり、趣味をはじめられたり、充実度を高め、多くの「幸せ」を感じながら、セカンドライフを暮らしていけるのです。

あなたが「幸せを感じられる」明るい未来を迎えるために、今から備えていきましょう、というお話です。

あなたの貯金がたまらない理由

では、なぜ「貯金」を続けているだけでは、お金が貯まらないのでしょうか。

厳密には「貯金」と「預金」に違いはありますが、本書では、どちらも合わせて「貯金」とさせていただきます。

日本人の多くは「銀行口座に貯金すること」に対して、絶大な安心と信頼をおいています。しかし、「銀行口座に貯金してもお金は増えない」のです。

お気づきの人もいるかと思いますが、現在の銀行の金利はほぼ0％となっています。そのため、仮に100万円を銀行口座に10年以上預けたとしても、お金はスズメの涙ほどしか増えないのが現実です。

そこで、「投資をはじめましょう」と言いたいのですが、「投資」に対してマイナスなイメージを持っている人が多くいます。

そして、そのような人たちが考える「投資」とは、「安いときに買って、高くなったら売る」という、タイミングが重要になるものを想像する傾向にあります。また、「予想を当てて利益を得るもの」と思っている人もいるため、「アタリ・ハズレ」や、「勝ち・負け」を連想してしまいます。

しかし、このようなやり方は、「投機」と呼ばれるもので「投資」ではありません。この間違った知識が、投資のイメージを悪くしている最大の要因と断言できます。

ここでいう「投機」とは、利益を得るために、短期的な売買取引をするものを指しています。また、資産を育てていくものではありません。株やFXなどの価格が買値より高くなったときに、所有しているものを売り、買値と売値の差額で「利益」を出す手法です。そのため、価格の上下を予想し、2分の1の確率に「賭ける」ことになってしまいます。

とはいえ、「投機」でも予想が当たれば「大きな利益を得る」ことができます。しかし、予想を当て続けるのは、プロでも難しいものです。一攫千金を狙うなら「投機」でも可能性はゼロではありませんが、未来に備えるための方法には向いていません。

そのため、一時的な投資信託の暴落に焦り、ＩＴ企業の株を買った咲紀の行動は、将来のための「投資」から、短期間で失敗を取り戻すための「投機」をはじめたことになるのです。

また、咲紀のようにいち企業の株だけを購入するやり方は、個別の企業のリスクを背負うことになるため、長期的な資産形成には向いていません。

他にも、投資に悪いイメージを持つ理由の１つとして、「投機」をした人の失敗談や実体験が挙げられます。

仮に、今回咲紀が購入した企業の株が暴落した場合、咲紀は誰かに「株を買って投資をしたが失敗した」と話すでしょう。すると、咲紀の話を聞いた人は、「投資」に対してマイナスの印象を受けるのが必然となります。

その結果、多くの人が「投機」を「投資」として認識している現実に加え、「投機」の失敗談が後押ししてしまい、「投資」に対してマイナスなイメージを持つ人が多くなっているのです。

本来「投資」とは、短期的な予想を当てて利益を得るものではなく、長期的な目線で育んでいくものです。短期間で大きな利益を生むことは少ないですが、投資先の成長とともに利益を得ようとする行為です。言い換えると、長期目線で成長するものに投資することができれば、投資は成功します。

そのため、これから未来に備えたい、と思っているのであれば、まず、「投資に対する認識」を正す必要があります。

ここで1つ質問です。

あなたは、大人になるまでに、「お金の教育」を受けたことがありますか？

ほとんどの人は、受けたことがないでしょう。

日本では、お金の教育が、ほとんどされていません。

「きちんとしたお金の知識」を身につけないまま、お小遣いをもらったり、アルバイト代を受け取ったりするようになります。そして、そのまま大人になり、お給料を受け取っているのです。

お金の知識がないまま、お金を手にしても、「将来のために備えるお金の使い方」を知らないため、上手にお金を増やすことができないのです。


先に少し「貯金」についてお話しましたが、お金が貯まらない理由は「金利が低い」だけではありません。たとえ利息が数円であったとしても、貯金が少しずつ増えているのは事実です。しかし、「物価上がる」と、お金の価値が下がってしまいます。すると、通帳に記載される金額は変わりませんが、実質減っているのと同じなのです。

物価とは、言葉通り、ものの価格のことです。
ものの価格が高くなると、お金の価値は下がります。
皆さんに馴染みのあるものの価格を例にあげると、次のようなものがあります。

・ディズニーランドの入場料
2000年：5200円
2022年：9400円（最大）

ディズニーランドの入場料の値上げは、記憶にある人もいるのではないでしょうか。

ここ20年の間でも、十分値上がりしていますが、開園当時（1983年）の入場料は3900円と半額以下の値段でした。

・自動販売機　缶ジュースの値段
１９８４年：１００円
１９９０年：１１０円
１９９７年：１２０円
２０１４年：１３０円

自動販売機といえば、１００円で買える時代もありました。しかし、今では缶ジュースがワンコインで買える自動販売機はほぼありません。

他にも、油や小麦粉、乳製品などの値上げのニュースを見て、驚いた人もいるのではないでしょうか。

このように年月をかけて、物価は少しずつ上がっているのです。

物価の上昇とともに、所得が上がれば問題ありません。しかし、所得は低下や停滞が続いています。すると、手元にあるお金が同じであっても、物価の上昇により価格の上がったものを買わなくてはなりません。

今から30年間、銀行に100万円を預けたとしても、30年後に大きく物価が上がっていた場合、その100万円は今と同じ価値の100万円ではなくなってしまうのです。

この状態が「お金の価値が下がる」ということになります。

このように「貯金が好きな日本人の性質」や「投資に対するマイナスなイメージ」によって、お金が貯まりにくくなっています。

まずは、「投資」と「投機」の違いをしっかり理解し、「貯金」をしていればお金が貯まる時代ではないことを踏まえて、この先を読み進めていただきたいと思います。

リンゴの木からはじめる農耕型資産形成

ここからは、「農耕型資産形成」をはじめ、「株」や「投資信託」について、解説していきます。

ストーリーの部分でも出てきましたが、農耕型資産形成を、わかりやすく例えられるものは、農業だと思っています。そのため、私は「農耕型資産形成はどんなものか」と聞かれたら「世界中に果樹園を作って、セカンドライフは果実を育てつつ、収穫しながら暮らしていくイメージ」とお伝えしています。

しかし、突然「世界中に果樹園を作る」と言われて、すぐに理解できる人は少ないかもしれません。

まず、ほとんどの人が聞いたことのある「株」からご説明しましょう。

株とは「果実のなる木」を連想していただければと思います。ここでは「リンゴの木」

とします。

リンゴの木は、年数をかけて育てていけば、実をつけて、収穫できるようになります。1本のリンゴの木から、20個のリンゴを収穫できると仮定した場合、10本のリンゴの木を育てていけば、将来200個のリンゴが収穫できるようになります。

また、リンゴに限らず、他の果実のなる木々も一緒に育てていけば、それぞれの木から、それぞれの果実の収穫が可能になります。

企業が発行する株の価格は、企業が利益を追求する限り、成長していきます。1つの株では小さな利益しか生まれませんが、株の保有数や銘柄が多くなれば、利益を大きくできるのです。

とはいえ、

「株は暴落する恐れもあるのでは？」

「だから株は失敗するんじゃないか?」

と思う人もいるかと思います。

長期間で、株価の低下や暴落は、必ず起こります。

そこで登場するのが「投資信託」です。先述の通り投資信託は、優良企業の株の袋詰めです。株の袋詰めの価格は20~30年という長期で見ると、上昇し続けてきました。

その理由は明確で、企業は常に利益を求め続け、利益の成長を止めてしまうと、株式市場にいられなくなるからです。株価は、企業の利益成長に連動し上昇していきます。そのため、企業が成長を続ける限り上昇することになるのです。

たとえば、次のような企業があったら、あなたはどう思いますか?

・今期は目標を達成したから、来年は働きません
・現状維持でいいので、これ以上業績をあげる必要はありません

このような企業に対して、将来性を感じますか？　株価は、企業の成長なしに上がることはありません。また、期待されない企業の株は購入されず、成長できないのです。

この仕組みを、リンゴの木でたとえるなら、次のようになります。

・痩せ細っている木
・果実をつける見込みのない木
・今にも枯れそうな木

このような木々は、育てても収穫の見込みがなく、誰も欲しがらないでしょう。

投資信託で株に投資するということは、「将来多くの実をつけるだろう」と期待できる木を育てていくイメージです。

「投資信託」を使う理由は主に3つあります。

①1社だけだと、倒産や株価の暴落のリスクが高い

②複数の会社の株を保有していれば、すべての会社が倒産することはない（ただし、短期的にみると暴落する可能性はある）

③投資信託は、個人で小額から買える仕組みである（個人で1度にたくさんの会社の株を購入するには大金が必要になる）

そのため、直接的に「株」に投資するのではなく、「投資信託」の仕組みを通して株に投資するのです。

そして、この「投資信託」は、農耕型資産形成のベースとなる仕組みで、農業にたとえるなら、リンゴの木を育てるための「畑」になります。

手元に木の苗を持っていたとしても、畑がなければ、リンゴの木を育てることはできま

せん。そして、この畑には、「リンゴの木しか植えてはいけない」というルールはありません。そのため、他の果実のなる木をどんどん植えて、育てていけるのです。

さらに、この畑は国内限定のものではありません。世界中に畑を持ち、果実のなる木を育てていれば、日本のリンゴが不作になったとしても、世界中の畑からフルーツを収穫できるようになるのです。

このように、投資信託を使い、世界中の優良企業の株を保有し続けることで、株の成長を待ちながら、特定の会社の株価暴落のリスクにも備えることができるのです。

そして、この世界中に畑を広げていくことや、さまざまな果実の木を植えることを「分散投資」と言います。

農耕型資産形成は、金銭的ダメージはもちろん、精神的なダメージも受けにくい「低リスク」で「安心」な投資の方法と言えます。

どんなときも農園を広げ続けよう

長期的な資産形成に有効な手法で、「金額に変動のある金融商品を、毎月一定の金額分買い続ける」積立方法があり、これを「ドルコスト平均法」と呼びます。

農耕型資産形成では、毎月この「ドルコスト平均法」で投資信託を購入します。

たとえば、「毎月2万円」と決めたら、毎月価格が上がろうが、下がろうが2万円分の投資信託を購入し続けます。

農耕型資産形成で、購入するのは「投資信託」です。投資信託を「世界中の優良企業の株」を購入するためのツールとして購入します。すると、直接購入しているのは「投資信託」ですが、投資信託は「株の袋詰め」であるため、結果としてさまざまな「株」を購入していることになります。

すると、なおさら「株価が安いときにまとめて買う方が得じゃないの?」という声が聞こえてきそうなので、畑（土地）の購入に置き換えてご説明しましょう。

毎月「一定金額」の畑を購入する場合（ドルコスト平均法）

・毎月の畑購入金額が一定になり、金銭的負担に変動はない
・土地の価値が下がった時は広い畑を購入できる
・土地の価値が上がったときは少しのみ畑を購入する

という特徴があります。

その一方で、金額の設定をせず、毎月「一定の広さ」の畑を購入する場合

・土地の価値変動により、毎月の購入金額にバラつきが出る
・土地の価値が高騰した場合、負担が大きくなる
・土地の価値が下がれば、支払い金額が減る

このような特徴があります。

２つの購入方法だけを比較すると、やはり安い時期を狙って「まとめ買い」をしよう！という人もいるでしょう。しかし、農耕型資産形成では「畑を増やし続け、育て続けること」が重要なポイントであることを忘れてはいけません。

「安い時に買いたい」というのは誰もが考えることだと思います。しかし、その時が安いかどうかは、未来にならないとわかりません。一定の金額で買い続けることによって、結果として安い時にたくさん買って高いときには買う量を抑えることになります。

ドルコスト平均法を用いた投資では、価格変動により毎月購入できる畑の広さに違いは出ます。しかし、広げられない月は発生せず、確実に畑を広げていけます。すると、必然的に果実のなる木を増やしていけるのです。農耕型資産形成において、「毎月一定金額を購入し続けること」は重要な役割を持っています。

長期・分散・積立と組み合わせている「取り崩し運用」とは、「資産の運用を続けながら、必要な資金を取り崩していく方法」のことです。資産運用というと多くの人が「お金を増やすこと」に注目してしまう傾向にあります。しかし、資産運用で考える必要があるのは、「増やす方法」だけでなく、「どのように使うか」も重要なポイントです。

取り崩し運用では、増やしたお金を1度にすべて引き出さず、その都度必要な分だけを引き出し、残りはそのまま運用を続けます。すると、「資産寿命を伸ばす」ことが可能になるため、将来お金に困るリスクを下げることができるようになるのです。

具体的な例を挙げると次のようになります。

あなたが65歳になったときに、5000万円の資産を作れたとしましょう。この資産をすべて引き出してしまうと、5000万円で老後のすべての生活を賄わなくてはなりません。

一方、「毎年資産残高の５％を年間の生活費にする」とルールを決め、残りの資産は引き続き運用した場合ではどうでしょうか。

初年度では、ご自身の年金に加え、年間２５０万円の生活費の上乗せができます。さらに、残りの４７５０万円を運用し続けることで、未来のお金を増やすことも可能になります。

仮に、65歳までに貯めた資産を、運用利率５％以上で運用できた場合、増えた５％が生活費の上乗せに当たるため、貯めた資産を減らさず、資産運用を続けていけるのです。また、この利率が８％であれば、５％を引いた３％は資産に上乗せされることとなり、毎年５％を生活費に取り崩しても、資産は増えていきます。

これが「農耕型資産形成」の最も優れているポイントと言えます。

「農耕型資産形成」により、取り崩し運用をすれば、幸せなセカンドライフを過ごしながら、資産寿命を伸ばし続けることができるのです。

あなたの第2の人生を楽しむために、最適な資産運用の方法ではないでしょうか。

資産運用とは、限られた所得(労働収入)だけでなく、自分が働いていない期間にも、お金に働いてもらい「お金を増やしてくれる」仕組みなのです。「世界のお金持ちと言われる資産家」は、お金に働いてもらっています。

もちろん、「資産運用をすれば億万長者になれる」とは言い切れません。しかし、お金に働いてもらえば、自分の力だけでは増やせない金額まで、資産を増やすことが可能になるのです。

子どもたちに「資産を残したい」と思う親御さんも多いかと思います。「農耕型資産形成」は、自分の人生のみならず、愛する子どもたちに資産を残すことも可能になる、素敵な資産形成の方法なのです。

ここまで、農業に例えながら「農耕型資産形成」について説明してきました。

繰り返しになりますが、農耕型資産形成は「長期・分散・積立」＋「取り崩し運用」により、金利と時間を味方につけた、資産形成の方法です。

銀行金利が限りなくゼロに近づいている現代では、貯金でお金を増やすことは、できないと言っても過言ではありません。そこで、長い期間成長を続けている、世界の株式や投資信託を使って、賢く資産を育てていくことをオススメしています。明るいセカンドライフを迎えるためには、「世界の上場企業の成長メカニズム」を活用し、長い時間をかけて資産を育てていく必要があります。

農耕型資産形成は、効率的な運用とリスクの軽減の両方を叶えながら、難しいお金の知識がない人でも、安心して、ほったらかしで継続できる資産形成の方法なのです。

第3章 未来も今も幸せになるには！

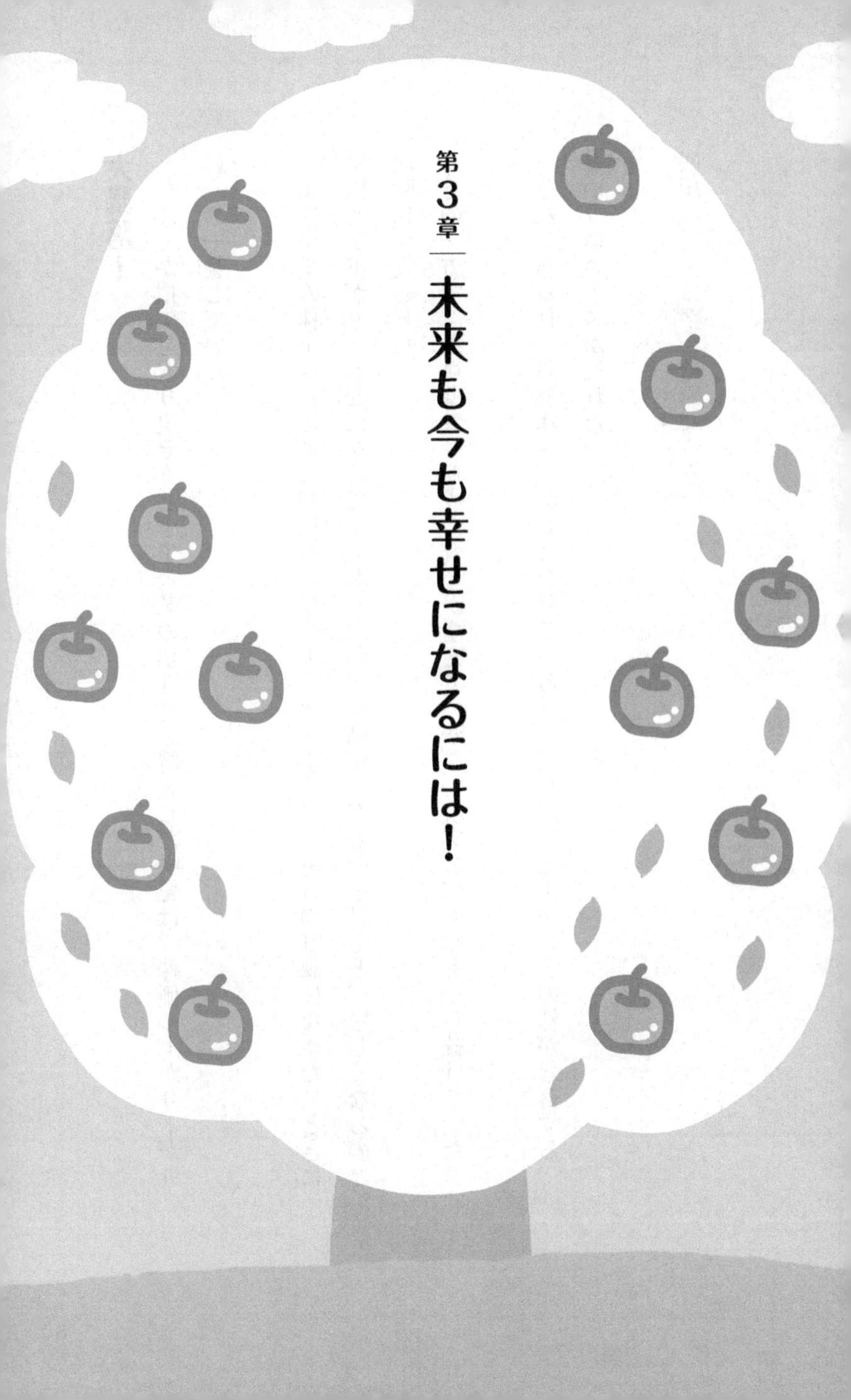

大暴落！

なんとか損失を取り戻そうとＩＴ企業の個別株を購入した咲紀は、株価の上がり下がりに一喜一憂していた。

ＩＴ企業の株を買った私は、株の価格をチェックするのが毎日の日課になった。ときには株価が下がり、不安になることもあったが、株価が上がるのを見ると、嬉しくなるのと同時に、安心した。

その一方で、農耕型資産形成の資産が増えていかない現実に、もやもやし続けていた。

そんなある日。お昼休みにテレビを見ていると、私が買ったＩＴ企業の株が暴落する、というニュースが流れた。

咲紀「え……？　そんな……」

あまりの驚きに、思わず声が出た。そして、スマホで自分の買った株の企業名を再確認し落胆した。すぐさま企業名や株の暴落について検索すると、すでにネットニュースにもなっていた。

株を買う前に、あれだけネットで調べて、ここなら！　と思って買ったのに。ネットではあんなにオススメされていた企業だったのに。未来のために！　と、思い切って株を買ったのに。なんでうまくいかないの……。

株価の暴落により、私はまたもや損をした。

それから、帰宅した私は、「何がいけなかったのか」を考えていた。あれこれ手を出すから失敗するのか。それとも、運が悪いのか、見る目がないのか。投資家に相談しなかったからか。私は、「未来のお金」を貯めるはずだったのに、いつの間にか「失敗」ばかり積み重ねていた。

「お金を貯めるって、向き不向きがあるのかなぁ」

気の抜けた独り言をつぶやいたとき、夫が聞いていた。

夫「お金貯めるって難しいよな」

咲紀「そうなの。実は……」

私は、夫にIT企業の株を買って、損をしてしまったことを打ち明けた。

夫「そんなことがあったのか。セミナーに行ってから意気込んでいたけど、やっぱり簡単じゃないんだな。俺たちは俺たちらしく、無理せずできる範囲で貯めていこう。大丈夫。まだ老後まで時間はあるんだから」

夫は、私を一言も責めることなく慰めてくれた。そして、夫から「セミナー」という言葉を聞いて、セミナーへ参加したことと、セミナーで聞いたことを思い出した。

・資産は時間をかけて育てていくもの
・短期目線ではなく長期目線

私は、セミナーを思い返して反省した。しっかりセミナーを聞いたはずだったのに、大切なことを忘れて、短期目線に戻っていた自分が情けなくなった。

布団に入り、眠りにつくころ、ふと、豊先生のことを思い出した。
「よし、明日豊先生に連絡してみよう。お金のことを相談しよう」
そう決意して、眠りについた。

翌日、仕事の休憩中。私は豊先生に電話をかけた。

咲紀「豊先生、お久しぶりです」
豊先生「お久しぶりです。元気にしていますか？」
咲紀「元気にしています。少し相談したいことがあったので電話しました」
豊先生「何かありましたか？」

私は、豊先生にＩＴ株を買って失敗したことを話した。電話越しの豊先生は、1年ほど前に参加したセミナーのときと同じように、とても優しく対応してくれた。そして改めて会う約束をした。

お金のプロである豊先生に相談できることになり、私は少しホッとした。

約束の日。私は、豊先生のオフィスへお邪魔させてもらった。

そこで、

・農耕型資産形成が思ったようにうまくいかないと感じること

・ＩＴ企業の株を買って損をしたこと
・これからどうしたらお金を増やしていけるのか
など、現状と私の気になることをすべて聞いた。

豊先生は、すべて「うんうん」と聞いてくれた。そして、1つずつ丁寧に答えてくれた。

豊先生「まず農耕型資産形成がうまくいかない、というのは間違いですね(笑)。農耕型資産形成は、短期的にお金を増やせるものではありません。咲紀さんは資産が減ったのを見て驚いたのだと思いますが、このまま続ければ大丈夫です。

焦って解約しなくてよかったですよ！　農耕型資産形成は、長期的に続けることが成功の秘訣ですので、老後までこのまま続けていきましょう」

咲紀「そうでした。資産が減ったことに焦って、『長期的』ということをすっかり忘れていました」

豊先生「それから、ＩＴ企業の株を買ったとのことですが、やってはいけない！ とは言いません。しかし、個別株の短期の売買は、投資ではなく『投機』になるので、いわば賭けのようなものになってしまうんです。実際暴落があって損をしているわけですし、将来のお金を備えるための方法としては不向きです」

咲紀「やっぱりそうですよね……。セミナーで豊先生から直接お聞きしたな、と思い出しました。これから私はどうしたらいいですか？」

豊先生「やはり、セカンドライフに備えるのであれば、農耕型資産形成を続けていくのが1番だと思います。とはいえ、今回のように一時的に資産が減ることもあるかと思いますが、そこは『長期目線』ということを忘れないようにしていただくということで（笑）」

…………………

豊先生は、丁寧に答えてくれるだけでなく、改めて農耕型資産形成のやり方や、未来のお金を備えるために注意すべきことも教えてくれました。

ＩＴ株を購入し、損益を取り返そうとした咲紀は、株の暴落により、また損をしてしまいました。以前参加したセミナーを思い出し、豊先生に相談することにしました。豊先生からの答えは、咲紀を冷静にすると同時に、明るいセカンドライフを迎えられるよう導いてくれました。

【解説】

典型的な失敗パターン

あなたは、投資における「失敗」とは、どのようなものだと思いますか？

・買った株の価格が下がること
・資産が減ること
・損をすること

これらはすべて、正解であり不正解でもあります。短期的にお金を増やそうとした場合は、失敗に部類されます。しかし、セカンドライフのための資産形成においては、失敗になるとは限りません。

購入時の株価より、株価が上がったときに売って利益を得る「短期売買」を繰り返していると、多かれ少なかれ損失が出る可能性が高くなります。すると、損失が出たときに「失敗」となるのです。

実際、さまざまなシーンで「今が買いどき」と言っていたり、逆に「今が売りどき」と言われていたりしています。さらに、投資をしている人の多くも「安いときに買って、高いときに売って儲ける売買をしよう」とする傾向にあります。

そして、この短期売買を何度も繰り返し、利益を得ようとしています。しかし、この方法で数回うまくいったとしても、1度の暴落で、大きな損失を出してしまう可能性が非常に高くなります。

なかには、1度失敗しても、「次こそ失敗しない！　取り返すぞ！」と意気込んで、失敗を重ねてしまうケースもあります。

このような短期売買の繰り返しは、大きな損失を生みやすい「失敗の典型的なパターン」といえます。

しかし、セカンドライフのための資産形成である「農耕型資産形成」では、今すぐ儲かったり、損失が出たりするような短期売買はしません。長い時間をかけて、畑を広げながら、果実を育て、将来の収穫量を増やすやり方です。

農業で例えるなら、植えたばかりの木に実がつかないからといって、農業をやめるのではなく、年月をかけて大きな木に育て、未来の収穫のために、農業を続けていくイメージです。小さな木では、果実は収穫できないかもしれません。しかし、来年、再来年、5年も経てば木は大きくなり、たくさんの果実の収穫ができるようになりますよね。

また、すでに大きな木を育てていても、気候や天候の影響で、不作になる年もあるかもしれません。それでも、不作が永遠に続くことはありません。翌年は収穫量が回復するかもしれませんし、はたまた大豊作になるかもしれません。一時の収穫量の減少に焦り、農業をやめてしまうと、一時の不作の影響だけでなく、数年後に収穫できたはずの果実も失うことになるのです。

農耕型資産形成においても、同じことがいえます。暴落が起こり、一時的に資産が減ったからといって、焦って解約してしまうと、損（失敗）をしてしまう可能性が高くなります。損失だけでなく、将来育っているはずだった、資産も失うことになるのです。20年～30年といった長い期間で見れば、「上場企業の株の袋詰め」の価格が下がるのは一時的なものであり、そのまま株価が下がり続けることはありません。

また、一時的に資産が減少したときに、個別株を購入し、損失を取り戻そうとする人もいます。しかし、このような行為は、投資から投機に切り替えることになるため、「失敗」してしまう可能性が高くなります。

主人公の咲紀が、暴落に焦り、ＩＴ企業の個別株を購入して損失を取り戻そうとしたのは、まさに「投機に切り替えたこと」による失敗だったといえます。仮に、投機に切り替えたことで一時的に損失を取り戻せたとしても、これから先、ずっと予想を当て続けることは難しいため、最終的に失敗となるケースが多く見られます。

農耕型資産形成は、今から数年の間に大きく利益を出すものではありません。65歳頃からのセカンドライフのために資産を育てていくものです。暴落が起こると、焦りや不安を感じるかもしれません。しかし、投資信託を手放してしまったり、短期的に損失を取り戻そうとしたりしないでください。

暴落が起こったとき、

・焦らないこと
・解約をしないこと
・投資から投機に変えないこと

は、農耕型資産形成をしていく上で、とても大事なことなのです。

農耕型資産形成のはじめかた

では、ここからは農耕型資産形成のやり方について、簡単に説明していきますね。

農耕型資産形成のやり方は、次の4ステップです。

①投資信託の仕組みを使う（投資信託の仕組みを使った商品を買う）
②毎月一定額の購入を続ける
③長期目線で長期的に保有する
④お金が必要なとき（セカンドライフ）は保有している中から必要な金額だけを取り崩す

これだけのステップで農耕型資産形成ができます。

では、農耕型資産形成のやり方を、簡単に説明していきます。

①投資信託の仕組みを使う（投資信託の仕組みを使った商品を買う）

農耕型資産形成では、投資信託の仕組みを使います。これは、農耕型資産形成をしていく上で、必須条件となります。

資産を育てていくための土台を準備するために、投資信託の仕組みを使います。

②毎月一定額の購入を続ける

あなたの生活に負担にならない範囲の金額で、毎月投資信託を購入し続けてください。毎月購入し続けることで、間接的に保有する株を増やしながら、資産を育てていくことが可能になります。

20年後、30年後のセカンドライフに、安心できるだけの資産を育てておくために、農耕型資産形成では毎月一定額の購入を続けることも大切なポイントです。

③長期目線で保有する

「長期目線で保有すること」は、農耕型資産形成で最も大切なことです。投資信託は、株式市場の成長にあわせ、ゆっくりと成長していきます。

農耕型資産形成で資産を育てるには、20～30年という長い期間が必要なのです。数ヶ月、数年ではなく、「セカンドライフがはじまるまで資産を育て続ける」ということを忘れないようにしてください。

④お金が必要なとき（セカンドライフ）は保有している中から必要な金額だけを取り崩す

成長した資産は、セカンドライフのはじまり（65歳ごろ）にすべて引き出すことはせず、毎年生活に必要になる金額のみ引き出します。

そして、残りの資産は、そのまま運用を続け、育て続けます。

農耕型資産形成を簡単に説明すると、このようになります。投資や資産形成と聞くと難しく考えてしまいがちですが、実はそんなに難しいものではありません。基本的なことさえ押さえておけば、誰でも農耕型資産形成をすることができるのです。

農耕型資産形成のやり方は、第4章でより詳しく解説していますので、そちらもお読みください。

とはいえ、農耕型資産形成をすれば、誰でも確実に欲しい未来が手に入るのか、といえばそうではありません。農耕型資産形成は、「豊かなセカンドライフを過ごす」という目的の人に適している資産形成の方法です。

そのため、あなたが短期的にお金を増やしたいのであれば、農耕型資産形成は「不向き」です。短期的に大きな利益を得たいのであれば、「投機」をする方がいいでしょう。

お金を増やす方法は1つではありません。そして、お金を増やしたい目的も、1人ひとり異なります。あなたの目的にあったお金の増やし方を選ぶことが大切です。

○○ショックの秘密

繰り返しになりますが、投資信託を保有しているからといって、暴落が「ない」とは言い切れません。

これまでにも「ＩＴバブルの崩壊」や「リーマンショック」など、経済的に大きなダメージを受けたものはいくつもあります。これから、○○ショックが起こる可能性も十分あるのです。

この「○○ショック」が起こると、株価は多大なる影響を受けることとなります。すると、株価が下がり、資産は目減りします。しかし、焦る必要はありません。○○ショックが起こったときは、株価が下がり「同じ金額でより多くの株数を購入するチャンス」になるのです。農業で言うと、同じ金額でより多くの畑を買うことができる状態です。

同じ金額で畑を広げることができれば、より多くの木々を植えられるようになりますよね。その結果、将来収穫できる果実の量は増えるのです。

同じ金額で、より多くの株を買うことができれば、結果的に保有する株数が増え、将来の資産を増やすことができるのです。

とはいえ、一時的とわかっていても、資産が減ってしまうため、不安になるかもしれません。しかし、あなたは「今すぐ必要なお金」を用意するために、農耕型資産形成をしているわけではないはずです。

セカンドライフに備えるための農耕型資産形成をしているのであれば、焦らず、どっしりと構えていて大丈夫です。長い目で見れば、そんなこともあるものなのです。ですから、短期目線で「今」に注目するのではなく、30年後に株価が上がることを知っておけば、何も焦る必要はありません。

「○○ショック」は、「将来の資産を増やせる絶好のタイミング」です。暴落が起こったときは、「ラッキー！」と思って、焦らず継続することを、覚えておいてください。

だから、長期的には株価は上がっていく

結論からいうと「株価は長期的に上がっていく」ようになっています。

なぜなら、どんな企業も「成長したい！」と思っているからです。また、実際に株式市場にいる企業は、歴史や成長している実績を持っているため、今後も継続した利益が期待できます。また、万が一利益が出せなくなった企業は、株式市場にいられなくなるため、投資の対象から外れることになります。

そのため、株式市場全体で見れば、株価は上がっていくと考えられます。

また「株価」は、企業の利益の期待値で決まります。

この期待値について簡単に説明すると、次のようになります。

・これから5年間、毎年1億円の利益を出し続けるでしょう

・これから5年間、毎年5００万円の利益を出し続けるでしょう

と予想される2つの企業があった場合、あなたはどちらの企業のオーナーになりたいですか?

この場合、前者の企業のオーナーになりたい、と思うのではないでしょうか。

これから5億円の利益を出すのであれば、今4億円出してすべての株を購入しても、1億円の利益があります。このように、株価は将来の利益の期待値によって決まっていくのです。

他にも、新しい企業や産業が生まれて続けていることも、株価が上がり続ける要因です。

たとえば、スマートフォンの普及は代表的なものです。ひと昔前は、電話を携帯できるなんて考えられませんでした。さらに、その電話でメッセージや写真のやりとりをしたり、スケージュール管理をしたりできるようになりました。なかには、スマートフォン1台あれば、仕事までできる人もいる時代になっています。

そして、スマートフォンに付随して、イヤホンも進化しています。イヤホンといえば、スマートフォン本体にイヤホンのプラグを差し込んで使っていました。

しかし、無線イヤホンの登場により、絡まるコードに悩まされることはなくなりました。また、スマートフォン本体と離れていても、音楽を聴いたり、電話したりできるようになりました。

他にも、ネットショップの充実や電子書籍の登場など、スマートフォンの普及により、新しいサービスが生まれ、新しい企業が次々と生まれているのです。

このように、固定電話しかなかった時代から、新しい企業が生まれ、私たちが生活している世界を動かし、株式市場の株価を引き上げているのです。

テクノロジーの進化により、世の中は、どんどん便利になっていきます。家電製品やスマートフォン、パソコンなど、数々の製品に囲まれている私たちは、より便利な製品の登場を期待しているのではないでしょうか。

すると、企業は私たちの期待を先読みし、新しいものを生み出したり、私たちの悩みを解決したりしようと努力します。その結果、また新しいサービスや企業が生まれ、企業が利益を生み出すことで、株価が上がっていきます。その結果、株の袋詰めの価格を引き上げることとなるのです。

私たちの生活の充実度が高くなるほど、企業が成長するために努力している証であり、株価が上がる仕組みになっているのです。

あなたが生まれる前から、生まれてからもずっと、企業は成長し、時代は進化し続けてきたのです。スマートフォンの登場はもちろん、子どもが遊ぶおもちゃも、自分が子どものころ遊んでいたものより、ずっと進化していると思いませんか？

これから、日常生活はもちろん、働き方もどんどん進化していくでしょう。このような進化があるからこそ、株の価格は上がっていくのです。

あなたに必要な畑はどっち？

投資信託は株の袋詰めと説明していますが、この袋詰めは2種類に分かれています。
①プロの株の目利きが詰めてくれた袋詰めである「アクティブファンド」
②特定の市場（アメリカの上場企業や世界の先進国など）の株すべてを詰めた袋詰めである「インデックスファンド」

アクティブファンドは、企業を見極めるプロ（ファンドマネージャー）が株の袋詰めの中身を選別してくれます。

選別の基準は、企業成長の期待値だけではありません。会社の社風や取引先との関係や、他社にはない強みなど、一時的なものではなく継続した実績となるものも、判断材料としています。ですから、一時的な利益を求めるための選別ではなく、10年後、20年後まで見据えて、長期的に利益を出すと見込まれる企業を選別しているのです。

そのため、期待値が下がってきた企業の株は手放し、より期待値・価値の高い株と入れ替え、よりいい状態の投資信託を保有できるのです。

一方、インデックスファンドは、一般的に取引されている企業の株を、すべて袋詰めにしたものです。プロの見極めではなく、一定の基準で自動的に袋詰めにされます。ですから、誰が袋詰めをしても同じ袋詰めになります。

上場企業である時点で、利益を上げ続けている実績や歴史を持っているため、継続的な利益を見込める、というものです。

どちらの株の袋詰めを購入しても、資産形成は可能です。しかし、私自身はインデックスファンドではなく、期待値が高い企業を選りすぐった「アクティブファンド」を選択しています。私がアドバイスさせていただける方には、私と同じファンドをオススメしています。その理由は2つあります。

1つ目は、「ファンドマネージャーの思い（投資哲学）が詰まった袋詰め」の方が将来への期待や希望、セカンドライフへの前向きな思いを感じるからです。機械的に作られた福袋より、思いの詰まっている福袋の方が、より素敵な未来を作ってくれそうな気がしませんか？

2つ目は、より効率的な資産形成ができる可能性が高まるからです。すべてを袋詰めするよりも、将来有望な株を選択して袋詰めした方が、成果が上がると考えています。

これらの理由から、私自身もアクティブファンドを選択していますし、これから資産形成をはじめる方には、アクティブファンドをオススメしています。

とはいえ、アクティブファンドならなんでもいいというわけではありません。少なくともインデックスファンドより、いい実績を持っているものや、将来性のあるものを選ぶ必要があります。

どのように資産形成をするかは、誰かに強制されたり、決められたりするものではありません。どのような方法で、どのような買い方で資産形成をするかは、あなたが選び、あなたが決めるのです。あなたが望んでいる未来を迎えるために、どのような資産形成の方法が必要かを見極めることが大切です。

一括投資VS積み立て投資

投資には「一括投資」と「積み立て投資」があり、そのどちらがいいのかという質問をいただくことがあります。

一括投資と聞くと、まとまったお金で1度にたくさんの株を買い、高値になったタイミングで売却し、利益を得る「投機」を連想してしまうかもしれません。他にも、土地やマンションを購入する、などを想像するかもしれません。

今回は、分散投資を前提条件として、世界中の株の袋詰めの「投資信託」に投資すると仮定してお話ししますね。（分散投資は必須）

この場合、投資対象となるものの価格が「上がり続ける」のであれば、一括投資をする方が、利益も大きくなり、効率的な運用が可能になります。

しかし、世界中の株式への分散投資が「長期的に価格が上がること」は予想できますが、「短期的な価格の変動」は予想できません。

果物の木でも、将来収穫できることはわかっていても、来年、再来年の収穫量をピンポイントに予想して、当てることは難しいものです。

一括投資をした場合、「買った時の価格」と「売る時の価格」の差が利益となるため、始めるタイミングが重要です。

長期間の運用であればあまり問題にはならないかもしれませんが、同じ値段で投資するのであれば、金額の安いときに始めたいと思うものです。積み立て投資の場合は、先に説明した「ドルコスト平均法」を用い、価格が下がった時に量を買い込むことができるので、始めるタイミングは気にする必要がありません。

取崩し運用も含め長期間保有するのであれば、どちらの投資法もあまり気にする必要はありませんが、暴落時の精神的負担も軽減し、安心して資産形成が可能になるのは「積み立て投資」という結論になります。

短期間で大きな利益を得ることができる一括投資ですが大前提として、まとまったお金が必要になります。一方、積み立て投資は、はじめるときに、まとまった金額が必要なものではありません。あなたの生活に負担にならない金額ではじめられます。

積み立て投資は、コツコツ続けることで、未来のあなたが幸せなセカンドライフを迎えられるように、無理なくはじめられる資産形成の方法なのです。

心の安定も叶えられる投資方法を選ぶことで、未来のみならず、現在の幸せも手に入れられると考えています。

第4章　大切にしたいものを大切にできる投資

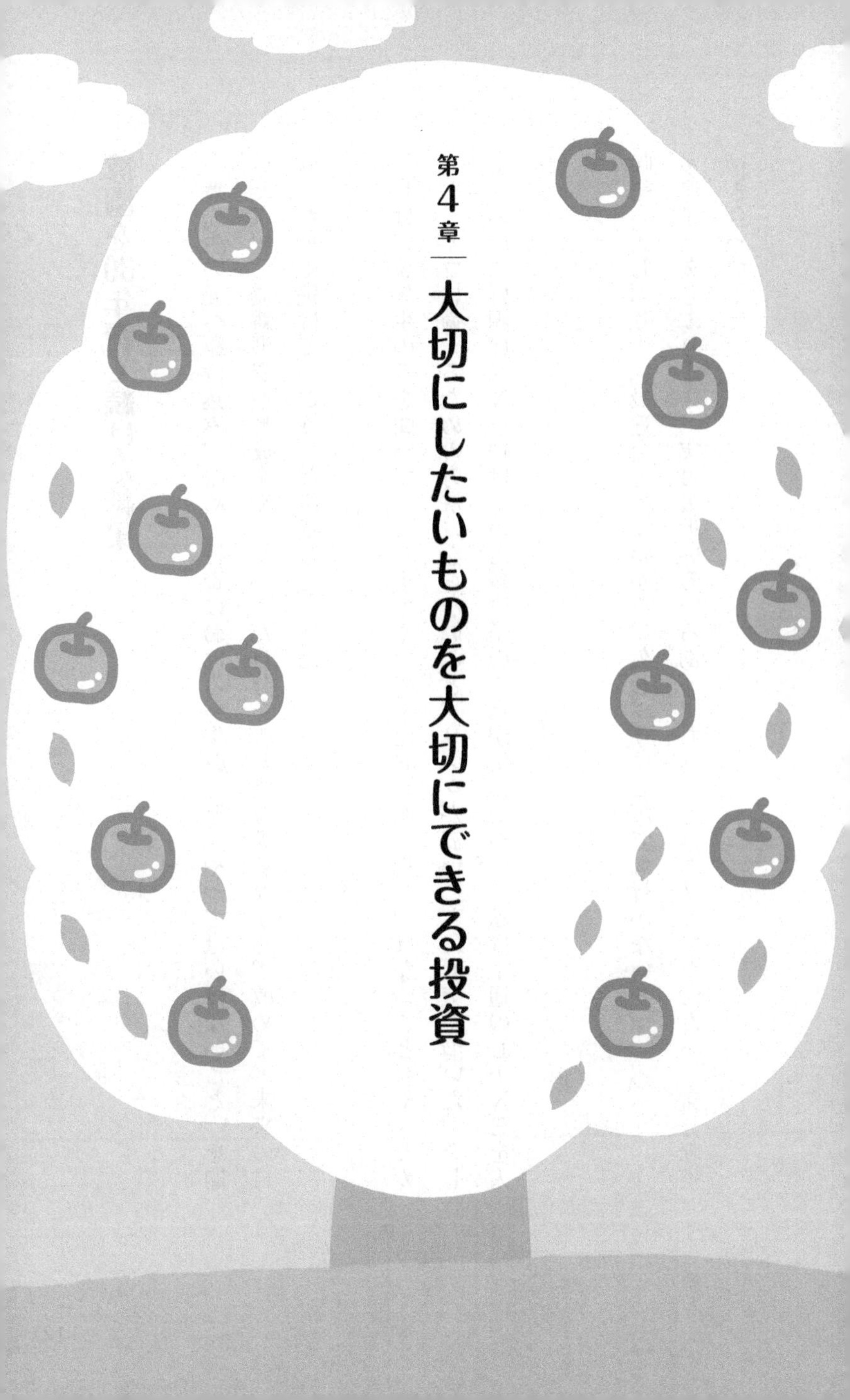

農園を30年育て続けた結果

豊先生の元へ駆け込み、改めて投資における「失敗」と「やってはいけないこと」を聞いた咲紀。農耕型資産形成をやめなかった自分を少しだけ褒めながら、改めて、未来の自分のために続けていこう、と決意したようだ。

私は、豊先生の話を聞いて、これまでやってきたFXが「投資ではないこと」や、セカンドライフに備えるための方法にならないこと、リスクが高いことにも気がついた。そして、ふいに好調にFXを続けていた多津子のことが気になって、私は1通のLINEを入れた。

咲紀「久しぶり！　最近会えてないから、久しぶりにご飯でも行かない？」
多津子「久しぶりー！　実は最近いろいろあってちょっと落ち込んでたんだぁ。気分転換付き合って！」

咲紀「連絡してくれればいいのに！　じゃあ、ランチ決定で！」

私は、ＦＸの話が気になったことも忘れて、多津子とのランチにワクワクしていた。

ランチ当日。

近くのおしゃれなカフェにきた私たちは、お互い近況報告をした。仕事が忙しかったり、大変だったり……、日々の思うことを吐き出しながら、ランチを食べた。

ランチを終え、コーヒーを飲みながら世間話をしていると、多津子が少し複雑な顔をしながら、話しはじめた。

多津子「咲紀ってもうＦＸやめたんだっけ？」

咲紀「そうだね～。前に『多津子にやめちゃった』って言ったときから、もうやってないよ」

多津子「そっか。あれから他の投資やったりした？」

咲紀「あ！　今は別の投資をはじめたよ！」

多津子「そうなんだ！　実は、私ＦＸ続けてたんだけど、ここ最近でガタガタっとダメになっちゃって。仕事が大変なのもなんだけど、その失敗で結構ダメージ受けてさ。だから、今日誘ってもらっていい気分転換になった！　ありがとう」

咲紀「ならよかった！」

多津子「咲紀は今、何の投資やってるの？　株？」

咲紀「ううん、農耕型資産形成ってやつ！」

多津子「農耕型……？　何それ？　農業みたいな名前（笑）」

咲紀「ほんとに農業みたいに未来のお金を育ててくの！　多津子なら想像しやすいかも！」

私は、多津子に豊先生から聞いた例え話を交えながら、農耕型資産形成の話をした。

多津子「農耕型資産形成って、なんか安心できそう！」

咲紀「でしょ？　私もそう思って続けてる！」
多津子「話聞いてみたいなー」
咲紀「もちろん！　いいアドバイザーさん、紹介するよ！」

私は、その場で豊先生に連絡を入れた。

咲紀「豊先生、こんにちは！」
豊先生「こんにちは。今日はどうされました？」
咲紀「実は、さっき友達に農耕型資産形成の話をしたんです。それで、豊先生から改めて説明してあげてほしいな、と思ってご連絡しました」
豊先生「そうだったんですね！　それは嬉しいお話です。1度3人でお会いして、農耕型資産形成についてお話しますか？」
咲紀「ありがとうございます！」
豊先生「近日中だと……」

こうして、3人の予定の合う週末に会うことになった。
当日、多津子と共に豊先生のオフィスを訪れた。

咲紀「こんにちは」
多津子「よろしくお願いします」
豊先生「こんにちは。こちらへどうぞ」

豊先生は、私と多津子をオフィスへ通してくれた。

豊先生「多津子さんはお仕事は何をされてるんですか？」
多津子「私は、夫と農業をやっています」
豊先生「そうなんですね！　農業をされているのであれば、農耕型資産形成のイメージが掴みやすいかもしれません」

多津子「あ、咲紀から少し聞きました！　資産を育てていくんだ〜って」

豊先生「そうなんです。畑で果物を育てていくように、投資信託を使って資産を育てていくんです」

多津子は、仕事に置き換えてイメージがしやすかったようで、豊先生の説明を「はぁ〜！」「そういうことか」なんて言いながら、聞いていた。

豊先生「多津子さんは、どのような家族構成でしょうか？」

多津子「あ、私は夫と私の2人だけです」

豊先生「大変失礼な質問とは思いますが、将来ご家族が増える予定はありますか？」

多津子「うちは子どもを持たないと決めているので、これからも夫婦2人だけです」

豊先生「答えていただき、ありがとうございます。どうしてこれを聞いたかというと、農耕型資産形成をしていく上で、どのような方法が多津子さんに合うかを判断するために質問しました」
咲紀「家族構成で方法が変わるんですか？」
豊先生「そうですね。家族構成や保険の加入状況などにより、オススメの方法が変わります。咲紀さんには咲紀さんに合った農耕型資産形成の方法がありますし、多津子さんには多津子さんに合った方法があるんです」
多津子「そうなんですね。じゃあ私はどんな方法がいいんですか？」
豊先生「保険の加入状況なども関係するので、今すぐ判断できませんが、お話を聞いた感じだと、投資信託を直接購入して、資産を育てていくのがいいかと思います」
多津子「ちなみに咲紀はどんな方法なんですか？」
咲紀「私は、私に万が一のことがあったときにも備えらえるように、変額保険で農耕型資産形成してるよ」
豊先生「農耕型資産形成の方法は1つではないんです。ご本人や家族構成や加入している保険など、状況に応じて方法を変えることで、より1人ひとりにあった資産形成が可能になります」

豊先生は、農業の例え話や、私と多津子のそれぞれのパターンなど、具体的な例え話を交えながら、わかりやすく説明してくれた。

私は、多津子と共に豊先生の話を聞いて、自分が説明を聞いたときには気づけなかった、農耕型資産形成の魅力に気がついた。私も多津子も、「漠然とした将来のお金の不安」を抱いていたけれど、豊先生の話を聞いて、肩の荷が軽くなったのを感じた。

豊先生と多津子との時間は、楽しく明るい未来を描ける有意義な時間だった。

そして、帰り際、多津子と豊先生が後日改めて会う約束をしているのをみて、なんだか嬉しくなった。

数日後、仕事の休憩中に多津子から電話がかかってきた。

多津子「咲紀～！　豊先生紹介してくれてありがとう！　私も農耕型資産形成はじめるこ

とにしたよ！」

咲紀「よかった！　これでお互い将来のお金の不安が軽くなるね！」

多津子「ほんと！　失敗してからホント落ち込んでたから、救われた！　今までのやり方じゃ将来に備えられないことを納得した。いろいろ気づかせてくれてありがとう」

咲紀「私も実は、農耕型資産形成する前に、株で失敗してるんだよね（笑）。私も豊先生に気づかせてもらったこと、たくさんあるよ！」

こうして私たちは、それぞれの方法で農耕型資産形成をはじめ、漠然とした未来のお金への不安を手放した。

私たちは、豊先生から教わった

・投資信託の仕組みを使う
・毎月一定額の購入を続ける
・長期目線で保有して資産を育てる

これらのことを念頭におき、じっくり将来の自分たちのために、資産を育て続けた。

それから30年以上の時が経ち、私たちのセカンドライフは幕を開けた。

農耕型資産形成のおかげで、自分たちの力では貯められなかったであろう金額まで、資産を大きく育てることができた。

夫婦で穏やかに過ごせる日々はもちろん、年に1度は、ゆっくり国内旅行も楽しんでいる。

子どもたちは、それぞれ結婚し、私たち夫婦には孫ができた。孫が生まれたお祝いも、毎年の誕生日やクリスマス、お年玉、子どもと孫たちとの旅行も、気兼ねなくできる。

多津子とは今でも友達で、女2人で旅行を楽しむこともできる。

豊先生が言っていた「幸せなセカンドライフ」を叶え、とても有意義で幸福度の高い日々を過ごしている。

「2000万円問題」と騒がれた当時、私が描いた老後は、不安と心配に支配された、暗い未来だった。

そこから数々の失敗を経て、豊先生のセミナーにすがる思いで参加したことが、「幸せなセカンドライフの幕開けだった」と感じると共に、豊先生と農耕型資産形成との出会いに感謝している。

今日は、久しぶりに孫たちが遊びに来ている。

いつもより賑やかなリビングで、お茶をのみながら、ふと時計をみると、そろそろお昼の時間。時計を見た私に気づいた孫が、何かを察知したように、満面の笑みで私のところへ駆け寄ってきた。

孫「おばあちゃん！　お腹すいたから、おいしいご飯食べに行こう？」

咲紀「そうね。久しぶりに遊びに来てくれたんだものね。お昼はお寿司でも食べに行こうか」

孫「わーい！　お寿司、お寿司！　ママー！　おばあちゃんがお寿司連れてってくれるって！」

嬉しそうに母のところへ走っていく孫の後ろ姿は、とても可愛かった。

孫たちと賑やかに過ごせることや、気軽に外食へ行けること。そんな日常の中にある幸せ1つひとつを「幸せ」と感じられる今、私はつくづく幸せなセカンドライフを迎えられたんだなぁ、と感じた。

次の楽しみは、来月の夫との温泉旅行。どこの温泉へ行こうかな。

30年以上にわたる農耕型資産形成を続けた咲紀は、お金への不安に支配された老後ではなく、幸せなセカンドライフを手に入れました。

夫婦の時間、子どもや孫との時間、友人との時間、当たり前の日常に、より多くの「幸せ」を感じられる日々は、第2の人生に相応しい、幸せなセカンドライフといえるのではないでしょうか。

咲紀はこれからも夫と2人で、取り崩し運用を続けながら、幸せな日々を過ごしていくでしょう。

【解説】農耕型資産形成4ステップ

ここでは、幸せなセカンドライフを迎えるために、どのように農耕型資産形成をしたらいいのかを、改めて農業に例えながら解説していきます。

農耕型資産形成のやり方は、次の4ステップとなっています。

①投資信託の仕組みを使う（投資信託の仕組みを使った商品を購入する）
②毎月一定額の購入を続ける
③長期目線で長期的に保有する
④お金が必要なとき（セカンドライフ）は保有している中から必要な金額だけを取り崩す

この4ステップのうちセカンドライフがはじまるまでの期間で①〜③を続け、セカンドライフでは④を続けてきます。

ここからは、それぞれの項目を農業に例えながら説明していきます。

①投資信託の仕組みを使う（投資信託の仕組みを使った商品を購入する）

繰り返しになりますが、農耕型資産形成では「投資信託の仕組みを使う」のは必須条件となります。なぜなら、投資信託は農業でいう「畑」となり、資産を育てていくための土台となるからです。

どのような果物も、畑なくして育つことはできません。農耕型資産形成における果物となる資産は、投資信託の仕組み無くして育てることはできないのです。セカンドライフのための資産を育てるために、投資信託の仕組み（仕組みを使った商品）を使いましょう。

投資信託の仕組みを使った商品は、

・投資信託そのものを購入する方法
・投資信託の仕組みを使った保険（変額保険）を購入する方法
があります。農耕型資産形成では、むやみに投資信託を買うのではなく、あなたにあった買い方を選ぶことが大切です。

また、投資信託を購入する場合、ファンドを選択する必要があります。前の章では、質の高いアクティブファンドがオススメとお伝えしました。しかし、インデックスファンドでも資産を育てることは可能です。なぜなら、どちらのファンドでも株は育っていき、資産は成長するからです。

しかし、それぞれのファンドに含まれる株は、選別方法が違うため、投資信託（株の袋詰め）の中身に違いがあります。農業の例えを交えて説明するのであれば、次のようになります。

・インデックスファンドの畑＝畑に植えられる木をすべて植えて育てる（株は決まった割合で自動的に選ばれる）

・アクティブファンドの畑＝目利きのプロが1本1本の木を厳選し植えて育てる（株は目利きのプロであるファンドマネージャーが厳選し袋詰めにする）

2つのファンドを比べた場合、どちらがより良質な果実を収穫できそう！　と感じるでしょうか？　どちらのファンドを選ぶのかによって、同じ資産形成であっても、資産の育ち方には違いがあるのです。どちらも「ファンド」ではありますが、自動的に袋詰めを作るインデックスファンドを比べると、プロの目利きが選別した袋詰めのアクティブファンドの方が、楽しみじゃないですか？

あなたならどちらの畑で果実を育てたいと思いますか？

とはいえ、アクティブファンドには次のようなデメリットがあります。

・インデックスファンドより手数料が高い
・粗悪なファンドもある
・ファンド選びに失敗すると利益率が悪くなる

私は、これらのデメリットを踏まえた上で、手数料が高くても、アクティブファンドを選択しています。

また、期待値が高いアクティブファンドには多くの種類があります。そのため、素人がファンドを見極めるのはとても難しくなります。ですから、ストーリーのなかで登場する「豊先生」のような、プロのアドバイザーに見極めてもらいましょう。

ファンドの中身（袋詰めに入る株）は、目利きのプロである、ファンドマネージャーが選別してくれます。優秀なファンドのファンドマネージャーは、実際に自らの足で企業へ出向き、企業調査をします。対象企業のみならず、競合企業も調査（製品の品質や価格決定権の有無、企業のブランド力など）し、さまざまな角度から比較・見極めをしてくれます。

信頼できるアドバイザーにファンドを見極めてもらえば、投資信託の購入を続けて大丈夫です。あとは、プロに管理を任せて、資産が育つのを待ちましょう。

また、ファンドを決定するときには、「ファンドを勧めてくれたアドバイザーも同じファンドを買っているか」を聞いてみましょう。同じファンドを選んでいれば、信憑性が高くなり、信頼できるファンドであるといえます。

また、ファンドマネージャーが自身の作っているファンドに自ら投資しているか、というのはファンド選びにおいて有益な情報となるでしょう。一般の人がその情報を知るのは、難しいですが、アドバイザーの中には、その情報を知っている人もいますので、信頼できるアドバイザーに相談しましょう。

あれこれと解説しましたが、信頼できるアドバイザーに、自分に合ったファンドを見つけてもらうことが、「ファンド選びに失敗しない秘訣」です。

「インデックスファンド」と「アクティブファンド」どちらが魅力的なファンドだと思いましたか？　あなたが「いいな」と思うファンドで資産形成をしていって欲しいと思います。

②毎月一定額を買い続ける

あなたの今の生活に負担の少ない金額で、投資信託を使った商品を購入し続けます。セカンドライフのために、今の生活が貧困になってしまっては元も子もありません。

無理のない金額で、毎月の購入を続け、未来の資産を育てていくための「畑」を広げ続けていきます。この畑には、さまざまな果物がなる木が植えてあります。

そのため、畑を広げていくことで未来に収穫できる果実を増やすことができるのです。
とはいえ、土地の価格には変動があり、同じ金額でも狭い畑しか購入できない時もあります。しかし、土地の価格や購入できる畑の広さにこだわらず、毎月確実に畑を広げていくことが大切です。

毎月コツコツと投資信託の購入を続け、保有する株数を増やすことで、20~30年後のセカンドライフに向けて、資産をより大きく育てられるようになります。無理のない金額で購入を続けて、確実に畑を広げ続けていきましょう。

③長期目線で長期的に保有する

くどいようですが、農耕型資産形成において「長期目線」「長期保有」は忘れてはいけない重要なポイントです。

果物は、果実が収穫できるまでに期間を要します。また、ときには枯れそうになったり、不作になったりする年もあるでしょう。

しかし、長い年月をかければ、木々は成長し果実を実らせ、年々収穫量を増やしていきます。また、落ちた種から新しい芽を出し、新たな木が成長していきます。

農耕型資産形成で資産を育てる場合も同じです。

資産が育つには、果物を育てる以上に長い期間が必要になります。また、果物の不作と同じように、株価が下がったり、ときには暴落してしまったりして、資産が目減りすることもあるでしょう。しかし、企業は利益を追求し続け、成長を続けていきます。

そのため、長期目線で見れば、株式市場はまた回復し、保有している投資信託は成長していくのです。

農耕型資産形成は、数年で大きな利益を出すものではありません。

20～30年という長い時間が必要であることや、暴落が起こる可能性を忘れないでください。そして、保有している畑を手放さずセカンドライフまで保有し続けましょう。

④お金が必要なとき（セカンドライフ）は保有している中から必要な金額だけを取り崩す

農耕型資産形成では、長い年月をかけて購入してきた投資信託を一気に手放すことはしません。

セカンドライフがはじまったら、これまでに育った資産から、年金（毎月の収入）に上乗せしたい金額（生活に必要な金額）だけを引き出し、残りの資産はそのまま運用し続けます。

農業で例えるなら、畑や果物の木々は手放さず、育った果実だけを収穫していくイメージです。長い年月をかけて育ててきた果物の木を、切り倒して果実を収穫してしまうと、それ以上の収穫はできなくなってしまいます。しかし、果実だけを収穫し、そのまま木々を育て続ければ、来年また、果実を収穫することができます。

農耕型資産形成も、果実の収穫と同じです。これまで育ててきた資産を、1度にすべて引き出してしまうと、資産の成長は止まってしまいます。育てた資産から、毎年必要な分だけを引き出し、残りの資産はそのまま運用を続け、育てていきましょう。農耕型資産形成では、資産を育て続けていくのが大切なポイントです。

なお、取り崩し運用には、「必要な金額を取り崩す方法」のほかに

・定額取り崩し（毎年一定金額を取り崩す方法）
・定率取り崩し（毎年残高の一定割合を引き出す方法）

の2種類があります。

ご自身にあった方法で、セカンドライフの取り崩し運用をしてください。

農耕型資産形成の方法は、このようになっています。

繰り返しになりますが、農耕型資産形成は、「長期目線」と「長期保有」が重要なポイントであり、成功のカギとなります。難しく考えず、将来の自分のためにコツコツ続けることが大切です。

今、ご自分のセカンドライフに「お金の不安がある」という方は、農耕型資産形成を検討してみてはいかがでしょうか。

コツコツがコツ！

先の4ステップをはじめ、これまでにも繰り返しお話ししてきましたが、農耕型資産形成は「コツコツ運用する」ことが大切です。

長い年月保有していると、1度や2度の暴落に見舞われることも充分ありえますし、資産が目減りしてしまうこともあります。しかし、目の前の出来事に一喜一憂する必要はありません。

今すぐ必要なお金を育てているのではなく、農耕型資産形成は「セカンドライフの資金づくり」が目的です。

・貯めている期間の大暴落は、ピンチではなくチャンス！

・取り崩し期間の暴落は「復活する」と信じ、安易に手放さないこと！

この2つのポイントを忘れず、コツコツと運用を続けていくことが大切です。

株式市場という畑にある株式という果実は、自然界の植物と同じように成長を続けていきます。環境が合わず枯れそうになったりすることもあるでしょう。

しかし、畑は雨や日差しを受け、また緑豊かな土地へと息を吹き返します。同じように、株式市場も、成長を止めることはありません。世界経済の成長を信じて、運用を続けていきましょう。

多くの人は「投資」と聞くと、「買ったものを売って利益を出す」と考える傾向にあります。

そのため、買ったときと売ったときの差が目につきます。すると、どうしても「損得のジャッジ」をしてしまうことになるのです。

しかし、農耕型資産形成は、資産を育て続けていくため、売って利益を出す概念がなく、終わりなく育てていくことができます。ですから、最後まで「損」と決まることがありません。農耕型資産形成では、「貯める期間」「取り崩し期間」のどちらにおいてもコツコツ運用を続けていくことが大切です。

今からでも遅くない理由

セカンドライフに向けたお金の相談を受ける中で、

「資産形成をしたいけれど、もう40代だし、遅いですよね？」

「今からはじめるのは遅いですか？」

と聞かれることがあります。

結論からお伝えすると、必ずしも年齢が理由で「もう遅い」となることはありません。セカンドライフが近づくにつれ「いまさら資産形成をしても老後には間に合わない」と諦めてしまう人がいます。しかし、年齢だけで「もう遅い」と判断してしまうのはもったいないないと言えます。なぜなら、仮に60歳で2000万円の退職金を受け取ったとすれば、その退職金で、畑（投資信託）をまとめて購入することができるからです。

農耕型資産形成は、長期間に積み立てるだけが方法ではありません。一括投資を選択できるのであれば、「一括投資→取り崩し運用」が可能になります。とはいえ、全額を1度に投資するのが不安であれば、2000万円を500万円ずつの4回（4年）に分け「分割投資」をすることも可能です。

「長期積立」にはなりませんが、多くの投資信託を購入することで、取り崩し運用が可能となるため、農耕型資産形成ができるようになるのです。

60歳から取り崩し運用をはじめたとしても、100歳になるまでには40年もの期間があります。退職金の2000万円は40年かけて、少しずつ成長していくため、毎年増えた資産を取り崩しながら、セカンドライフを送ることができるようになります。

もちろん、早くはじめるに越したことはありません。早くはじめれば、はじめるほど「時間」と「金利」を味方にできます。ですから、私はすべての人が今すぐ農耕型資産形成をスタートして、豊かなセカンドライフを迎える準備をはじめてほしいと思っています。

これから続いていく人生で、「今」のあなたが1番若いときなのです。

もし、今のあなたが40歳であれば、65歳までに25年あります。自分より若い人と比べてしまうと、積立期間は短くなりますが、農耕型資産形成をしない25年を過ごすより、確実に資産を育てることができます。

この本と出会い、農耕型資産形成を知ったあなたが、何歳であろうと、収入があるのであれば、今からはじめても十分間に合います。

未来のあなたが、セカンドライフに多くの果実を収穫しながら、豊かな毎日を送れるように、1日でも早く、資産という名の「農園・畑」を育てはじめてほしいと思っています。

最終ゴールはこれ!

以前にも少し触れましたが、日本では投資や資産形成についての教育はほとんどされておらず、お金の知識（マネーリテラシー）が低いのが現状です。

その一方で、海外では1980年頃から「401K（確定拠出年金）」と呼ばれる制度が使われています。また、投資や資産形成についての教育がされており、実際に若い頃から資産形成をはじめている人が多くいます。

ここでは、海外で早くから積み立て投資で資産形成をはじめ、豊かなセカンドライフを送っている、Yさん（仮名）のお話をしながら、農耕型資産形成のゴールについてお話ししようと思います。

【元教員だったYさん】

Yさんは、海外で学校教員をしていました。当時、毎月日本円にすると3000～5000円で資産形成をはじめました。それから、お給料が高くなるごとに、積み立てる金額を増やしながら、セカンドライフのための資産を育て続けました。

資産形成をはじめてから、30年以上資産を育て続けたYさんは、定年後、育てた資産を使いながら生活をしています。

現在では、取り崩し運用を続けながら、趣味の旅行を楽しむなど、悠々自適なセカンドライフを満喫しています。

とはいえ、資産を育てている期間には、もちろん暴落もありました。しかし、資産運用のアドバイザーから「続けて大丈夫」と言われ、その言葉を信じ、コツコツと積み立て、運用を続けたのでした。その結果、大きな資産を育てることができ、幸せなセカンドライフを手に入れられたのです。

私は、Yさんのような幸せなセカンドライフを過ごせる人を増やしたいと思っています。これを読んだあなたも「こんなセカンドライフを過ごしたい」と思ったのではないでしょうか。

しかし先述の通り、日本はお金の教育が遅れていることから、お金や資産形成の知識がなく、ゆとりあるセカンドライフを迎えられる人がとても少ない状態です。海外では、長期的な投資がおこなわれている一方で、日本では「短期売買」が一般的です。

そのため、投資へのイメージが悪かったり、投資をはじめるハードルが高くなったりして、一歩踏み出せない人が多くなってしまっています。誰しも「幸せなセカンドライフを迎えたい」と思っているにもかかわらず、苦しいセカンドライフを迎えざるを得なくなっているのです。

世界中の「資本家」と呼ばれる「お金持ち」の人々は、単にお金をたくさん持っているから、資本家と呼ばれているわけではありません。このような人たちは、労働による収入に限らず、「お金を使ってお金を増やす仕組み」を使って、より多くのお金を得ています。

具体的には、企業にお金を投資して、企業が生み出した利益を還元してもらうことでお金を増やしています。

一般的に、自分が働き、その対価として収入を得ている人は、自分の時間を切り売りして、お金を得ていることになります。しかし、時間は有限のため、どれだけ必死に働いて労働収入を得ても、限界や上限があるのです。

勤続年数や役職を得て昇給があったとしても限界はありますし、うなぎ登りに給料が上がっていくとは考えられません。お給料（時給を含む）が上がるには、長い時間が必要になるのが現実です。

しかし、世界経済はお給料が上がるより、早いスピードで成長しています。すると、毎月必死に働いて、お給料を上げようとしている人と、お金がお金を生み出す仕組みを使っている人では、どんどん格差が広がっていくのです。

とはいえ、いますぐ資産家や資本家と同じように、大きなお金を動かしてお金に働いてもらう仕組みを作ることはできない、と感じる人もいるでしょう。もちろん、まったく同じだけの金額を使って、大きな利益や資産を作ることはできません。

しかし、農耕型資産形成をすることで、あなたも「お金に働いてもらってお金を増やす（資産を育てる）仕組み」を持てる（使える）ようになるのです。

農耕型資産形成で、投資信託の仕組みを使った商品を購入し続け、時間をかけて資産を育てていけばいいのです。
「世界で指折りの大富豪」になれるわけではありませんが、幸せなセカンドライフを叶えられるだけの資産を作ることが可能になります。

繰り返しになりますが、投資信託は、「株の袋詰め」です。毎月無理のない範囲で、優良企業にお金を託して、成長してもらいましょう。その成長があなたの資産となり、セカンドライフをよりよいものにしてくれます。

プロが見立てた、成長を期待できる企業の株を保有して、資産を大きく育てていきましょう。

大切にしたいものを大切にできる投資

農耕型資産形成が成功した未来とは、年金収入に加えて、取り崩し運用による収入が得られる状態のことです。

年金だけでは生活が苦しいからと、必死になって働く必要もありませんし、お金に不自由を感じたり、お金の心配をしたりする必要がなくなります。

そのため、旅行へ行ったり、習い事をしたり、家族のお祝い事など、気兼ねなく「好きなこと」や「やりたいこと」ができるようになる未来を指しています。

また、セカンドライフは誰しも健康なままで迎えられるとは限りません。病気になり通院する必要が出てきたり、介護が必要となったりする人もいるかと思います。

そんなとき、心の支えの1つになってくれるのが「お金」なのです。健康で長生きできる人生もあれば、病気や介護を必要とする人生もあります。

しっかりとセカンドライフに向けて資産を育てておくことで、どちらの人生を歩むことになったとしても、お金に不安のない人生を歩んでいけるのです。

私は、1人でも多くの人が、幸せなセカンドライフを過ごせる社会にしたい、と強く願っています。ずっとお金の心配をしながら暮らしていく日々ではなく、今からずっと、幸せな将来を楽しみに過ごせる毎日を送って欲しいのです。

その1つの手段として、安心して続けられる「農耕型資産形成」をオススメしています。

・老後に「働く必要がない」と言えるだけのお金があれば幸せ

定年を迎え、年金を受け取るようになる65歳以降、日々の生活のために働かなければならない状況は、果たして幸せといえるでしょうか？　もちろん、人から必要とされたり、感謝されたり、働くことにやりがいや生きがいを感じて、ポジティブな感情で働けるのであれば、幸せな働き方といえます。

しかし、「お金のために！」「暮らしのために！」と必死に働き口を探し、お金の心配を理由にネガティブな感情で働き続けるのは、幸せセカンドライフとはいえないのではないでしょうか。

お金の心配や不安などのストレスから解放され、安心して、ゆっくり、穏やかな心で日々を過ごせるセカンドライフは、とても幸せなものだと思います。とはいえ、そのために大富豪になる必要はありません。あなたが「理想とするセカンドライフを叶えられるだけのお金」があればいいのです。

あなたがセカンドライフで「大切にしたい」と思うものはなんですか？　家族との時間、自分の時間、お付き合いなど、1人ひとり「大切にしたいもの」があると思います。あなたが「大切にしたいものを、大切にできる毎日」ほど、幸せを感じられる暮らしはありません。私は、この本を通じて、1人でも多くの人に、幸せなセカンドライフを迎えて欲しいと願っています。

・子どもに資産を残せる
農耕型資産形成は、株の為替の短期売買のように、売り買いを続けるようなことはしません。長い時間をかけ「育て続けていくもの」です。

そのため、セカンドライフの資金を用意するだけでなく、家族に資産を残すことができます。

とはいえ、農耕型資産形成の目的は「セカンドライフの資金を作ること」です。仮にあなたが１２０歳を迎えたとしても、日々の生活に困らないような資産形成をしていれば、どんな人生を歩むことになっても心配する必要はありません。

また、あなた自身がお金の心配や不安から解放されるだけでなく、周りの人に心配をかけることもありません。

すべての人が「子どもに資産を残そう」と考えているわけではありません。そのため、私は「あなたのセカンドライフを充実したものにした結果、そのさきで子どもたちに資産を残すことも可能になりますよ」とお伝えしています。

とはいえ、最初から、自分のセカンドライフの資金づくりに合わせて、子どもたちへ資産を残すことを目的としてはじめるのもとても素敵なことだと思います。

まず、あなたの第2の人生を豊かにしましょう。すると、その先の未来で、子どもたちの人生も豊かにすることができるのです。

で、私には何がベスト？

農耕型資産形成をするにあたり、投資信託の仕組みを使った商品の購入には、いくつかの種類や制度があります。主に次の3つが挙げられます。

①投資信託をそのまま購入する
②投資信託の仕組みを使って保障も兼ね備えたもの（変額保険）を購入する
③iDeCoやつみたてNISAなどの税制優遇の仕組みを使って投資信託を購入する

このように、投資信託を購入する際、どのように購入をするか、優遇制度を使うといいかは、家族構成や働き方など、各家庭の状況や条件により異なります。そのため、信頼できるアドバイザーへ相談して、農耕型資産形成をするのがベストです。

①〜③のどの方法であっても、投資信託の仕組みを使ったものですので、セカンドライフへ向けた資産形成は可能です。

先ほど触れましたが、近年、「iDeCo」や「つみたてNISA」の認知度は上がってきました。すでにはじめている人も多いのではないでしょうか。

iDeCoやつみたてNISAは、どちらも税制の優遇制度で、ファンド（株の袋詰めの種類）の制限や購入の上限金額など、それぞれ特徴があります。また、これらの優遇制度を使っている間に、どちらも取り崩し運用ができません。

しかし、育てた資産を元に、改めて投資信託を購入し、資産を育て、取り崩し運用をはじめることも可能です。

（iDeCoやつみたてNISAについては、第5章のQ＆Aで詳しく解説しています）

自分にあった「投資信託の仕組みを使った商品」や「投資信託の購入方法」は、どんなものかを知り、あなたの理想とするセカンドライフを迎えられるように備えていきましょう。

すでに、iDeCoやつみたてNISAなどを使って、資産形成をはじめている人は、本当に素晴らしいです。このまま継続してセカンドライフへ向けた資産形成を続けていって欲しいと思います。さらに余力がある人や、より備えておきたい！　という人は、他の方法も使って、セカンドライフへ向けた資産形成をするのもオススメです。

そして、これから、セカンドライフへ向けて資産形成をはじめたい！　という人は、ぜひ一歩踏み出して、農耕型資産形成をスタートして欲しいと思います。

貯金だけでは老後に備えにくい現代を生きるあなたが、ゆとりある幸せなセカンドライフを迎えるには、資産形成は必須といえます。あなたの思い描く理想のセカンドライフを叶えるために、農耕型資産形成で、無理なく資産形成をはじめていきましょう。

この本を手に取ったあなたが、ご自分の未来のために一歩踏み出すきっかけになれば、この上ない幸せです。あなたのセカンドライフが、より幸せなものになることを願っています。

第5章 ― 9秒で解決！　Q&A集！

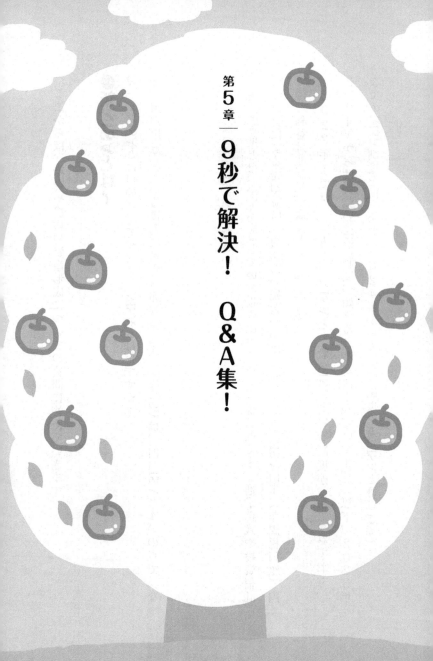

ここからは、投資や農耕型資産形成についての質問に答えていきます。

●新NISAとは？

Q：新NISAとは何のことですか？　NISAとは何ですか？

A：国が用意している投資に対する非課税制度。新NISAは、旧NISAと4つの点で異なります。

NISAについて教えてください。

NISA制度とは、国が用意している投資に対する非課税制度です。通常株式や投資信託への投資による売却益には約20％の税金がかかるのですが、NISA口座（非課税口座）内で得た利益は非課税になるという制度です。

2023年までは、つみたてNISAと一般NISAという制度が運用されており、2024年からは新しいNISA制度が始まることが決まっています。（以下、2023年までのNISA制度を旧NISA、2024年からのNISA制度を新NISAと呼びます）

変更ポイント①　NISA制度の恒久化

旧NISAは、つみたてNISAが2042年まで、一般NISAが2023年までと制度の期限が決まっていました。新NISAでは期限が恒久化されることが決まりました。

変更ポイント②　併用が可能

旧制度では、つみたてNISAと一般NISAがあり、併用ができませんでした。新NISAではこれらがつみたて投資枠と成長投資枠とバージョンアップされたうえに、併用が可能となりました。

変更ポイント③　利用可能額の拡大

新NISAでは、年間360万円、最大非課税限度額が1800万円に拡大しました。

（成長投資枠は1200万円まで）

変更ポイント④　非課税期間が無制限に

旧NISAは5年か20年の非課税期間となっていましたが、新NISAでは無期限で非課税となります。

今までは、期限、投資額、つみたてで選択できる投資信託の銘柄、非課税限度額などの制限より、積極的にお薦めしてきませんでした。新NISAになることで多くの人にとって使い勝手のいい制度になるでしょう。

ただし、いいファンドを選ぶことも重要ですので、信頼のおけるアドバイザーに相談して、あなたに合った資産形成をしていきましょう。

●どれくらい続けないといけない？

Q：農耕型資産形成は、最低どのくらいの期間続けないとダメですか？

A：農耕型資産形成には「最低継続期間」はありません。

この質問は、正直答えるのがとても難しいです。月１～２万円を3年続けたところで、毎月貯金したのと、なんら変わりはありません。農耕型資産形成は、長く続けることが最も重要なのです。

そこで、目安として、次の例を挙げて説明させていただきます。

・30歳で農耕型資産形成を知り資産形成をスタート
・毎月２万円を継続した
と仮定して説明すると、次のようになります。

【元金　７２０万円　30年後の資産　約２４００万円】
※年７％の利率で運用できた場合の金額です

単純に30歳でスタートし、30年間継続すれば、60歳になる頃には２０００万円問題をクリアできます（２０００万円の資産を作っておくことができる）。

2000万円問題で言われていた、「2000万円必要」というのは、貯金を消費していくと仮定した場合の話です。しかし、農耕型資産形成は、資産を使うだけではありません。残っている資産の運用を続け、増やし続けていきます。

2000万円に固執する必要はなくなりますし、2000万円を作る必要はなくなるのです。

と、ここまで月2万円を30年間継続した場合の金額のお話をしましたが、実際はこの通りではありません。

何歳でスタートしても、やらないよりやるほうがいいのは紛れもない事実です。たとえば、45歳で農耕型資産形成をスタートし、資産が1000万円にしかならなかったとしても、毎月の所得に上乗せは可能です。

「もっと早く知りたかった！」と思っても、時は戻りませんし、仕方ありません。仮に年間上乗せできる金額が120万円（1ヶ月10万円程度）だったとしても、その金額の価値は1人ひとり違います。

もちろんそれ以上、上乗せできるに越したことはありませんが、上乗せできることが大切なのではないでしょうか。

農耕型資産形成には終わり（すべて手放して売り払うこと）がありません。人生１００年時代と言われている現代。60歳で農耕型資産形成をはじめても、30年後はまだ90歳です。

この期間も収入さえあれば、資産を育て続けることが可能になります。農耕型資産形成は、スタートからの「いつまでやるか」より、農耕型資産形成の後半になる「取り崩し運用」こそが最も重要なポイントです。

スタート時は、「いつまで続けるんだろう？」と考えるより、未来を幸せなものにするためのスタートラインだと思っていただければと思います。農耕型資産形成は、「〇年で終わり」という概念はなく、いつまでも続けていけるものなのです。

●どんな人なら信頼できる?

Q：信頼できるアドバイザーさんとは、どんな人ですか?

A：「一生保有する価値のある商品」をオススメできる人です。

私の信頼できるアドバイザーの基準は、「1度購入したら、一生売らないでください」と言える商品をオススメできることです。会社の指示ではなく、目先の利益のためでもなく、「一生保有してほしいもの」「子どもや孫に引き継ぐ価値のあるもの」をオススメできる人こそ、信頼できるアドバイザーだと断言できます。

しかし、長期目線の資産形成について、信頼のおけるアドバイザーは、今の世の中には少ないと感じています。保険を販売している人や、投資信託を販売している人はたくさんいます。

しかし、その両方と周辺知識を理解し、かつオススメする商品を自ら運用している人は少なく、長期分散積立投資＋取崩運用（農耕型資産形成）について深く理解をしている人は限られています。

証券会社に勤めている人は、投資信託を販売することはできますが、勤め先の指示のもと「商品を販売」していることが多いため、短期的な利益のための商品選択になっている傾向があります。全員が目先の利益だけをみているとは言い切れませんが、「証券会社なら信頼できる！」と思うのは注意が必要です。

私は、長期積立分散投資＋取崩運用のプロフェッショナルの元で「お金」や「投資」について学び続けています。そして、「生涯手放すことのない資産形成で社会を幸せにする」という理念のもとで活動しています。

私をはじめ、ともに学び続けているアドバイザーは「企業の生み出す利益を全国民に提供したい」「全国民に幸せになってほしい」という想いで活動を続けています。
「老後の資産形成について話を聞いてみたい」という方は、お気軽にＬＩＮＥ（https://line.me/R/ti/p/%40077abzuk）からご連絡ください。

円安の今は、まだはじめない方がいい？

Ｑ：今（２０２２年６月現在）は円安なので、農耕型資産形成をはじめるのは、もう少し待ったほうがいいですか？

Ａ：待つ必要はありません。今すぐにでもはじめましょう。

為替は必ず上下します。また、一方的に上がり続けたり、下がり続けたりすることはありません（１ドル＝０円になることはあり得ません）。そして、この変動は誰にも予想することができません。仮に為替の動きを読める人がいるのであれば、株を育てなくとも、為替のやり取りで利益を出すことができてしまいます。

また、今日は1年前より円安ですが、来年はもっと円安になっているかもしれません。円高のタイミングを待ち続け、1年2年……と待っていると、その期間に資産を増やせなくなってしまいます。

「お得なタイミングではじめたい」という気持ちもわかりますが、1日でも早く畑を保有して、広げていくことが大切です。購入時の金額の差が気になるかもしれませんが、「複利」の力で、今の金額の差はカバーできます。

株式市場は成長していきます。目の前の金額に固執せず、長期目線で資産を育てるには、「少しでも早いほうがいい」ということを忘れないでください。

本当にリスクはないの？

Q：やっぱり「投資は怖い」と感じてしまいます。本当にリスクはないですか？

A：短期なら損をするかもしれませんが、長期投資なら問題ないと考えています。

「リスク＝怖いもの」または「損」と思っていませんか？　投資における「リスク」とは、「振れ幅」のことを指しています。あなたも、1度はチャートと呼ばれる折れ線グラフのようなものを見たことがあるのではないでしょうか。

たとえば、このチャートが世界の株価の合計だとすると、長期間で見た場合、上下にギザギザしながら右肩上がりになっています。しかし、短期的に見て、ギザギザの下がったときに買い、上がったときに売ろうとするので、「失敗」してしまうのです。

農耕型資産形成では、短期の動きには目もくれず、ひたすら自分の畑を広げ、長期目線で資産を育てていくのです。そのため、基本的にすべてを売ることがないので、「負け」や「損をする」という考えがありません。

多くの人は「投資」を「投機」と勘違いしているため、「安い時に買う・高くなったら手放す」というイメージを持っています。すると、失敗して損をする、という印象になってしまうのです。

しかし、世界中の上場企業の株の袋詰めである投資信託の仕組みを使う場合、人間の欲望と資本主義から考えると、これから先も世界経済は成長を続け、株価は成長していきます。すると必然的に「失敗」や「損」にはなりにくいと考えられます。

とはいえ、世界経済は成長し続けるものという根底があり、それを信じている前提です。もし、明日世界が滅亡してしまったら、この理論は成り立ちませんから（笑）。

そもそも、長期的に増える（成長する）ものに投資をするので、短期的な資産の目減り（〇〇ショックなどによる暴落）がないとはいえませんが、数十年という長期で見れば、資産は増えていきます。

農耕型資産形成をはじめない理由は限られています。むしろ、やらないほうがリスクと言えるでしょう。1日でも早く農耕型資産形成をスタートし、幸せなセカンドライフに備えていきましょう。

SNSの情報ってホント?

Q：YouTuberやブロガーなどの言っていることは、信じても大丈夫ですか?

A：すべて信じて大丈夫、とは言えません。

発信している人たちの「投資をしよう」という発言においては、信じて大丈夫です。割合で言うなら、7割程度信じても大丈夫でしょう。なぜなら、投資をはじめる必要性や、その重要性は私も同じく感じているからです。

しかし、YouTuberやブロガー（インスタグラマーやインフルエンサーなど投資について発信している人々）の中には、投資のプロではない人もいます。

そのため、税金やそもそもの仕組み、実務を伴わないケースも多くあり、最適な提案をしているわけではありません。ですから、動画やブログ記事のすべてを鵜呑みにして、その通りにする、というのは避けた方がよいでしょう。

もし、ＳＮＳや動画配信サイトなどから、投資へ興味をもったり、「やりたい」と思うものが見つかったりしたときには、信頼できるアドバイザーへ相談してみてください。

そして、その投資の方法が

・自分に合ったものか
・自分の最適解はどんなものなのか

を聞いた上で、その投資方法をスタートさせるか判断するようにしましょう。

第6章 共通点をさがそう！一歩踏み出した方々の物語

ここまで本書をお読みいただき、ありがとうございます。

ここからは、私のセミナーにご参加いただいたり、私の話を聞いてくださったりして、投資の1歩を踏み出した方々のお声をご紹介します。

お金にまつわる話は、なかなか誰とでもできる話ではないと思います。実際に私の話を聞いてくださった方や、ご相談いただいた方が、どのように感じたかをお読みいただけると投資をはじめる参考になるかと思います。

ご自身と共通点のある方を探しながら読んでみてください。

「?」が「!」に変わる

伊東さんと出会ったのは、所得が増えないのに支出ばかりが増え、「年金生活になったとき、安心した暮らしができるのか」と思いはじめた頃でした。以前、同僚が「お金に詳しい人がいる」と聞いていたのを思い出し、紹介をしていただきました。

以前は、会社勤めをしながら毎月、厚生年金をかけていました。「老後は2000万円必要」という騒動も、間違いないだろうと感じていたため、医療保険・個人年金・貯蓄をはじめていました。

しかし、私自身お金の知識がなかったのでネット検索で情報収集し、得た知識だけでお金の運用方法を選んでいました。そのため選んだものが正解なのか分からず、「今すぐ選び直した方がいいのかもしれない」と常に不安を感じていました。

伊東さんにご相談し、アドバイスをいただいて、お金の運用方法をすべて見直し、「意味のあるお金の使い方ができている」と思えるようになりました。

伊東さんは清潔感のある方です。さらに、保険やお金に関する提案をする上で、ご自身の健康管理や服装にまで気をつけておられるのは、信頼できる要素の1つです。

また、伊東さん自身が実際に試して、いいと思った商品を提案してくださるので、安心感があります。提案者が買っていなかったり、使っていなかったりする商品を、パンフレットだけで提案されても、説得力がなく、興味を持てません。

お金の素人に対して、同じ目線でわかりやすく物事を伝えてくれるのが、とても上手な方だと思います。難しい専門用語を、身近なわかりやすいものに例えて説明してくださるので、「？」が「なるほど！」に変わり、まるで先生のような方です。

辻井　麻貴子（つじい　まきこ）様
46歳女性
社会保険労務士事務所勤務

一瞬で解決していただきました

若い頃から「投資」についての知識は、あまりありませんでした。

それでもなんとなく、老後のために「何かやならきゃ」という意識だけ持っている状態が続いていました。自分が30代に入っても、お金の知識が増えることはありませんでした。お金の守り方、増やし方という言葉を耳にしたことはあっても、正解がわからず、そのまま深く考えようともしていませんでした。

お仕事で伊東さんと出会い、「農耕型資産形成」の話を聞き、女性特有の「難しい」「わからない」が一瞬で吹き飛びました。そもそも私は「投資をする・投資をしない」を選ぶ前に、知りたくても知れない状況でした。なので、わかりやすく一瞬で問題解決ができるように教えていただき、とても感謝しています！

有澤（ありさわ）つぐみ
33歳　経営者

投資＝怖いは間違いでした

伊東さんと出会ったきっかけは、私が大学卒業後に、はじめて勤めた職場でした。

とはいえ、私は3年ほどで退職。近年老後が心配になったため、伊東さんに相談させていただきました。退職後25年以上経っているにもかかわらず、当時と変わらぬ笑顔で暖かく接してくださいました。

これまで「投資」という言葉は知っていましたが、「投資＝株」というイメージが強く、バブル崩壊を目の当たりにしていたこともあり、「怖い」という印象でした。

さらに、お金の知識がないことも相まって「自分とは縁の無いもの」と思い込んでいました。将来に備えるといっても、少しでも高い金利で銀行に貯金すること、保険に加入するくらいしか手段はなく、備えられているとは言い切れず不安でした。

そんなとき、伊東さんから「長期分散積立投資」という少額でもコツコツ長期で投資する方法を教えてもらいました。

取り急ぎ使う予定のない預貯金を投資にまわすことにしました。その結果、「お金に働いてもらう」ことで、少しずつ資産を増やすことをはじめました。

これまで「保険」は「何かあった時のために備える」という考えしかありませんでし

た。しかし、伊東さんから保険でも長期分散積立方式で運用できることを教えていただき、現在このタイプの保険にも加入し、運用をはじめました。

伊東さんは、ご自身でいいと思ったもの、かつ、私のニーズにあったものをご紹介してくださいます。無理強いや押し売りもなく、まさに近江商人の「三方よし」の精神で接してくださり、私にとって信頼できる頼もしい存在です。

S・Y様
53歳女性
大学教員

30年分、後悔しました

伊東さんとの出会いは、勤めていた会社が新たに「保険代理店」を事業としてはじめることがきっかけでした。

数多くのＦＰの方と知り合いとなることになり、その中の１人が伊東さんでした。コンタクトを取った理由は、「伊東社長なら安心して相談できますよ」という紹介を受け、伊東さんに対する会社の同僚の評価が高かったからです。

私も妻も、それぞれ少額ではありましたが、株式投資をしていました。

投資信託は若い人向けというイメージがあり、「私が手を出してはいけない」という先入観がありました。また、貯蓄で十分だと思っていました。

しかし、伊東さんから、投機と投資の違いや、長期・分散・積み立ての重要性を教えていただき、「目からうろこが落ちる」ようでした。30年近くコツコツ財形貯蓄を続けていたことを、激しく後悔させられました。

他にも子どもの自立をきっかけに、住宅ローンの繰上げ返済を考えていました。この点も相談させていただき、繰り上げ返済をしない方がいいと教えていただきました。金利は安くなりますが、慌てて返済するより資金を投資に回す、というお話をいただき、夫婦で

「なるほど!」とうなずきました。

正直、相談した時には、「ガンガン商品をオススメされるのではないか」と構えていましたが、まったくありませんでした。

むしろ、あまりにもオススメしてこないので、相談が先延ばしになることがあるほど(笑)。そんなこともあり、商品を販売することよりも、お客様のことを優先して考えてくださる人だと感じました。また、「自分が試していない商品を人にオススメしていない」とおっしゃっており、同じ営業職をしている私としては、とても共感できました。

丸賀 一史(まるか かずふみ)様
55歳 男性
大手歯科技工会社 役員

人生の彩りが増えた

家族の他界をきっかけに、保険の見直しを考えていました。

ネットで検索しても、どこの保険会社がいいのか、どのような保険内容が自分に合っているのかが分からず困っていました。そんなとき、職場の方から伊東さんを紹介していただきました。

はじめてお会いした時に、医療・がん保険の見直しをご相談させていただきました。私の希望やライフプランに合わせて、保険内容を一緒に考えてくださり、理想の保険を見つけることができました。死亡保険についても、変額保険というものを教えていただきました。はじめて「変額保険」と聞いた時は「死亡保障もついているが、投資リスクが高そう」というイメージがあり、ハイリスク・ハイリターンだと思い込んでいました。

しかし、夫が投資に意欲的だったこともあり、あらためて夫婦2人でお話をうかがうことになりました。

私たちが理解できるまで根気よく、わかりやすく説明していただきました。そして、私が希望する死亡保障がついていて、主人の希望する投資もできることがわかり、「一石二鳥なのでは?」と少しずつ不安がなくなっていきました。

これまで主人と老後までのライフプランを話し合うことはなかったのですが、伊東さんとの出会いをきっかけに、お互いのプランや思いを言葉にして伝えることが増えたように思います。私たちの人生に彩りを与えてくださった伊東さんには、本当に感謝しています。

初対面では、とてもスタイリッシュでダンディな印象でした。伊東さんは、私たちのような年下夫婦にも物腰の柔らかい丁寧な話し方をしてくださり、安心してお話しできる方でした。

また、ご自身のご家族や結婚記念日を大切にされる、とても素敵な方だと思います!

堀　友音(ほり　ゆね)様
28歳　女性
歯科医院勤務

あとがき

政府主導のもと、2022年末を目途に『資産所得倍増計画』がまとめられようとしています。

国民に投資をさせて、金融機関を儲けさせる陰謀などと勘繰らないでください。純粋に日本国民に豊かになってほしいというパターナリズムが根底にあるように思えます。

日本の給与所得が先進国で最低になり、大学に通う学生の2人に1人が奨学金受給者になるほど、他の先進国と比較すれば相対的に貧しくなっている事実は否定できません。

パターナリズム（父権的干渉主義）というのは、わかりやすく言うと『親心のこもったお節介』のことです。

知識や経験が圧倒的に高い立場にある人が低い立場の人に対しての干渉は、ある程度の範囲で許されるという考え方です。

ただし干渉といっても、そこに愛情の存在が前提にあることは言うまでもありません。ゲームにうつつを抜かす子どもに対して「勉強しなさい！」と干渉が許されるのは、親の経験からして勉強しないよりはした方が子どもの人生の選択肢が広がることがわかっているからです。

「クルマに乗るときはシートベルトしなさい」というのも、事故を起こした場合、シートベルトをしている方が命の助かる確率が高くなることがわかりきっているからです。これは、政府の国民に対するパターナリズムですね。

実は、年金運用の世界でもパターナリスティックな介入が許されています。

2006年、米国で年金保護法が成立し、企業年金加入者に対して以下のように介入（拒否する自由は与えられています）が許されます。背景には、ヒトは初期設定（デフォルト）に従いやすいという行動経済学の知見を活用して、可能な限り企業年金の加入者を増やし、老後の年金支給額を増やしてあげたいというパターナリズムが根底にあります。

ここまで政府が踏み込まないと、人は自分で自分の老後のお金を作れない（作らない）と考えているからですね。

i）「全員加入」がデフォルト（辞退は可）

ii）「昇給とともに掛金の自動増額」がデフォルト（拒否は可）

iii）「積立商品は株式系ファンド」がデフォルト（拒否は可）

さて、年金運用の基本は、本書でも説明されている「世界の株式を活用した長期・分散・積立」運用でした。

運用業務と金融研究の世界で数十年やってきた私自身の経験からしても、世界経済がこれからも成長を続けるという前提条件付きではありますが、「長期・分散・積立」運用は成功することがわかりきっています。だから、自分でも実践してきましたし、自分の家族、友人、周りの人にも「やりなさい！（実際にはもっと優しく言います）」と言ってきました。

伊東さんが本書で描かれた世界観もまたパターリズムに溢れていましたね。伊東さんが

あとがき

忙しい中、本書を執筆されたのも、誤解の多い金融常識に対して正しい理解をしてもらいたいとする〝親心〟が、この書籍を誕生させたのではないかと推察します。

最後になりましたが、読者の皆さんが『農耕型資産形成』を始められることを切に願っています。

一般社団法人経済教育支援機構　代表理事
上地明徳（信州大学経営大学院 特任教授）

参考文献
（1）厚生労働省"いっしょに検証！公的年金～年金の仕組みと将来～"
https://www.mhlw.go.jp/nenkinkenshou/index.html
（2）公益財団法人生命保険文化センター"老後の生活費はいくらくらい必要と考える？"
https://www.jili.or.jp/lifeplan/lifesecurity/1141.html

読者特典

本書を最後までお読みいただき、ありがとうございました。

本書をお読みいただいた読者のみなさま限定のプレゼントをご用意いたしました。

～プレゼント内容～
○長期資産形成の９０分無料相談

農耕型資産形成の具体的なやり方を理解していただけます。

本ページ記載の『農耕型資産形成公式 LINE』に登録ください。
長期資産形成のご相談やセミナーのご案内、資産形成の有益な情報などをお届けしていきます。

https://bit.ly/3V5HC9K

登録お願いします！

[著者プロフィール]

伊東豊（いとう　ゆたか）

〇スマートプランニング株式会社　代表取締役
〇スマートハーベスト株式会社　代表取締役
関西大学を卒業後、外資系製薬会社に就職。
社会人として歩き出したころ訪れたバブル時代に、不動産投資により多額の損失を経験。
自身のお金に関する知識不足を痛感すると同時に金融の奥深さに興味を覚える。
ファイナンシャルプランナーの資格を取得後、保険代理店スマートプランニング株式会社を設立。

法人個人を問わず、資産形成・保険・相続などの相談件数は２０００件を超える。
お金の不安がない社会を創りたいという想いから、お金・資産運用に関するセミナーやコンサルティングを通じ、多くのお客様に農耕型資産形成®を推奨している。

近年では農耕型資産形成®を広めるため、２０～３０代女性に向けたワークショップなども開催。
「投資に関する考え方が変わった！」「実際に行動することができた」という声が多数届いている。

［会社情報］

スマートプランニング株式会社

https://www.smart-p.co.jp/

スマートハーベスト株式会社

https://s-harvest.co.jp/

リンゴの木からはじめる農耕型資産形成
～さあ資産の畑を育てよう～

発行日　2024年2月2日 初版第一刷発行

著　者　伊東豊

制　作　UTSUWA出版
〒906-0013 沖縄県宮古島市平良字下里1353-10
HP：https://utsuwashuppan.net/

発　行　合同会社 Pocket island
〒914-0058 福井県敦賀市三島町1丁目7番地30号
mail：info@pocketisland.jp

発　売　星雲社（共同出版社・流通責任出版社）
〒112-0005 東京都文京区水道1-3-30
電話：03-3868-3275

印刷・製本　株式会社ウイル・コーポレーション

落丁本、乱丁本は送料負担でお取り替えいたします。
ISBN 978-4-434-33215-9　C0033